Editorial

Es gibt keine andere Religionsgemeinschaft, über die so viele Vorurteile bestehen wie über den Islam. Das ist durch die politischen und militärischen Ereignisse der letzten Jahre noch verstärkt worden. Eine vereinfachende Sichtweise ist schnell bereit, dem Islam die Schuld für viele Probleme dieser Welt zuzuschreiben, ohne die notwendigen Differenzierungen vorzunehmen. Bei genauer Betrachtung aber zeigt sich Erstaunliches: Nicht nur die enge und oft fruchtbare Verwobenheit des Islam mit der europäischen Geschichte wird dann sichtbar, sondern auch die vielfältige Gestalt dieser Religionsgemeinschaft selbst. Insbesondere die schwierigen Entwicklungen im Islam, die stark zu der genannten einseitigen Wahrnehmung beigetragen haben, sind häufig erst in der Moderne entstanden, und zwar nicht selten unter dem Einfluss westlichen Denkens.

Unser Verständnis des Islam hat also häufig mehr mit Wahrnehmung als mit der Realität zu tun. Wir haben eine bestimmte Sichtweise dieser Religionsgemeinschaft, die nicht notwendig mit der Wirklichkeit übereinstimmt. Das wäre weiter nicht schlimm, wenn wir nicht mit Millionen von Muslimen zusammenleben würden: seit vielen Jahrhunderten in Europa und inzwischen in allen Orten unseres Landes. Doch häufig handelt es sich eher um ein Nebeneinander als um ein Miteinander. Insofern ist die geringe gegenseitige Kenntnis nicht überraschend.

Es wäre also in vielfacher Hinsicht lohnenswert, sich mehr mit dem Islam zu befassen und ihn besser kennenzulernen. Die Redaktion möchte mit diesem Heft versuchen, das Verständnis für die Vielfalt des Islam zu fördern. Historische Darstellungen und Berichte aus europäischen Ländern finden sich daher neben eindrucksvollen Erfahrungsberichten von jungen Muslimen, die bei uns leben. Wenn die Lektüre des Heftes dazu beitragen kann, herkömmliche Sichtweisen zu überwinden, dann ist ein Ziel dieses Heftes erreicht.

Die Redaktion

Abdelmalek Hibaoui

Islam in Europa – ein historischer Überblick

> *Jun.-Prof. Dr. Abdelmalek Hibaoui hat den Lehrstuhl für Islamische Praktische Theologie am Zentrum für Islamische Theologie der Universität Tübingen inne. Er ist auch Autor der unmittelbar anschließenden Übersicht „Einige Grundbegriffe zum Islam".*

Der Islam weist seit Jahrhunderten eine Verwebung mit der europäischen Geschichte auf, und das nicht nur seit dem Osmanischen Reich. Es mag verblüffen, dass sich der Beginn des Islam in Europa in Form eines interkulturellen und interreligiösen Zentrums der Gelehrsamkeit zeigte, welches Muttererde für europäische Wissenschaften werden sollte.

Wenn man sich die Frage stellt, wann der Islam begann, erste Berührungspunkte mit Europa aufzuweisen, fußen Diskussionen darüber oft auf der Annahme extrem entgegengesetzter Pole von Okzident und Orient. Diese Denkweise übersieht einerseits die Geburt aller monotheistischen Religionen, nämlich ihr Aufkommen im Orient, und andererseits die frühe und aktive Mitwirkung des Islam bei der Entstehung einer europäischen Identität. Zieht man in Betracht, dass sich alle monotheistischen Religionen faktisch im Orient bildeten, also Juden, Christen und Muslime – alles Völker des Morgenlandes – ihre Botschaft im Osten empfingen, dann wird ersichtlich, dass keine dieser monotheistischen Religionen in ihrer Entstehung Teil von Europa war, sondern sie erst durch Wanderung, Migration, Eroberungen und Flucht Verbreitung erfuhren.

Wann hat nun der erste Muslim einen Fuß auf europäischen Boden gesetzt?

Der muslimische Feldherr und Berber Tāriq ibn Ziyād überquerte die Meerenge von Gibraltar bereits im Jahr 711, somit nicht einmal 80 Jahre nach dem Tode des Propheten Mohammed, eroberte das Reich der Westgoten und etablierte das islamische al-Andalus, das grob 780 Jahre bestand. Neben der Iberischen Halbinsel waren ebenso Sizilien und weitere Teile von Süditalien vom 9. bis 11. Jahrhundert unter muslimischer Herrschaft. Al-Andalus, nicht zu verwechseln mit dem heutigen Andalusien, erstreckte sich damals, Portugal und die spanische Halbinsel mitinbegriffen, bis kurz vor Barcelona. Diese sehr frühe Begegnung wird heutzutage aus dem europäischen Bewusstsein getilgt; ebenso werden die muslimischen Bevölkerungsanteile von Spanien und Italien, die unter christlicher Herrschaft durch Zwangskonversion oder Abschiebung verschwanden, verdrängt.

Al-Andalus: Muslimische Renaissance in Europa

Al-Andalus galt als Sammelbecken vieler Wissenschaftler, Gelehrter und Übersetzer, die entweder dort geboren waren oder aus der Ferne anreisten, um sich miteinander auszutauschen und angesehene Werke aus dem Lateinischen und Griechischen ins Arabische und umgekehrt zu übersetzen. So reiste auch der aus England stammende Robert von Ketton (um 1110 - um 1160) auf die Pyrenäenhalbinsel, um Zugriff auf angesehene arabische mathematische und astronomische Werke zu erhalten. Obwohl theologische Texte ursprünglich nicht sein Forschungsgebiet waren, fertigte er im Auftrag des Abts von Cluny, Petrus Venerabilis (um 1092 - 1156) in den Jahren 1142 und 1143 eine lateinische Übersetzung des Korans an.

Petrus Venerabilis mag mit seinem Wunsch nach einer lateinischen Übersetzung des Korans einerseits Missionierungsabsichten, andererseits apologetische Zwecke verbunden haben, letztlich resultierte das Bestreben der theologischen Übersetzungen in al-Andalus jedoch in Diskussionen, die sich nicht auf Legenden über den Islam verlassen, sondern auf Wissenschaftlichkeit stützen wollten. Es lässt sich durchaus sagen, dass die Übersetzer und Forscher in al-Andalus Auslöser einer Wiederentdeckung von griechischen Werken waren, die infolge der multikulturellen Exegese zu einer Vereinigung griechischen und islamischen Gedankenguts führte, das dann von den Forschern in ihre Heimatländer zurückgetragen wurde und sich in ganz Europa verbreitete. Die Ideen des muslimisch-spanischen Philosophen

Die Übersetzer und Forscher in al-Andalus waren Auslöser einer Wiederentdeckung von griechischen Werken, was letztlich zu einer Vereinigung griechischen und islamischen Gedankenguts führte.

und Mystikers Ibn Ṭufaīl al-Qaīsī al-Andalusī (1110 - 1185) über die Bedeutung der Umwelt und die Autonomie des Intellekts als vollendete Form des Wissens fanden in Europa mehrfach eine Wiederaufbereitung, ähnlich wie das auf ihn zurückgehende Motiv der Robinsonade mit ihren über mehrere Jahrhunderte entstandenen vielen Fassungen. Insofern sind zahlreiche in Europa über Epochen hinweg entstandene Werke der Theologie, Philosophie, Medizin, Physik, Chemie, Mathematik und Literatur das Resultat einer griechischen und arabischen Kooperation.

Diese Vermengung des Gedankengutes fand auch unter christlicher Herrschaft in der Levante statt. Die muslimische Herrschaft auf abendländischem Terrain hatte ebenso Anteil an der Verbreitung einer Mischung aus orientalischen und okzidentalischen Elementen wie auch die christliche Herrschaft auf morgenländischem Territorium.

Das Osmanische Reich in Europa

Ab dem 14. Jahrhundert tritt die islamische Herrschaft in Form des Osmanischen Reiches als Großmacht in Europa auf, welches bis ins 20. Jahrhundert bestehen bleiben sollte. Es erstreckte sich in westlicher Ausrichtung zur Zeit der größten Ausdehnung bis kurz vor Wien, also auf Ungarn, Teile Rumäniens, Bulgarien, weitere Balkanländer und Griechenland. Bezüglich des genauen Anfangs wird das Jahr 1299 als Gründungsjahr des Osmanischen Reiches benannt. Unter osmanischer Herrschaft wurden die Rechte so genannter „ahl al-kitāb" (ein Begriff aus dem Koran, wörtlich „Buchbesitzer", also Christen und Juden) und später auch anderer nicht-muslimischer Gruppen (als „ahl adh-dhimma", „Schutzbefohlene") festgelegt. Mit diesen religiösen Minderheiten wurde ein Schutzbündnis vereinbart, das ihnen Rechte im Staat wie beispielsweise die Ausübung ihrer Religion zubilligte.

Die Ursprünge der osmanischen Herrscherfamilie liegen im Dunkeln; es besteht keine Sicherheit darüber, ob ihre Wurzeln überhaupt türkisch waren. Aufgrund jahrhundertelanger ethnischer Verschmelzungsprozesse kann man neben einer türkischen auch über eine turkmenische Abstammung spekulieren, ihr Hintergrund könnte aber auch der arabische, persische oder sogar italienische Raum sein, wobei eine zentralasiatische Komponente nicht zu leugnen ist. Wenn man den Blick auf die ideologische und politische Gestaltung des Osmanischen Reichs richtet, fällt auf, dass diese größtenteils von Persien, den arabischen

Ländern, dem Byzantinischen Reich und italienischen Stadtstaaten beeinflusst worden ist. Die osmanische Staatsorganisation richtete sich sehr stark nach byzantinischen Leitbildern aus. Das Reich unterhielt enge kommerzielle Beziehungen zu Genua und Venedig. Osmanische Bräute und Konkubinen kamen oft aus Nachbarstaaten, osmanische privat- und volkswirtschaftliche Taktiken waren auf genuesischen und venezianischen Vorbildern aufgebaut.

Die ideologische und politische Gestaltung des Osmanischen Reichs wurde stark von Einflüssen der Nachbarländer geprägt.

Das Osmanische Reich als Teil von Europa?

Falls das Konzept der zivilisatorischen Einheit eines gemeinsamen „Europas" im 15. Jahrhundert bereits existiert hätte, dann wäre das Osmanische Reich unabdingbarer Teil Europas gewesen. „Europa" als eine vereinheitlichende Vorstellung existierte zu diesem Zeitpunkt jedoch noch nicht; der Fokus lag damals primär auf der Religion, die als starke Kluft zwischen der islamischen und christlichen Welt wahrgenommen wurde. Jedes aufkommende Bewusstsein der Zugehörigkeit zu Europa, welches de facto aufgrund der vorhandenen ökonomischen, sozialen und familiären Beziehungen durchaus im Bereich der Möglichkeiten lag, wurde durch die militärische Stärke des Osmanisches Reiches wieder gedämpft. Hätte die damalige Staatenwelt die heutige Vorstellung einer gemeinsamen europäischen Identität gehabt, dann wäre das Osmanische Reich mit Sicherheit ein integraler Bestandteil des europäischen politischen Geschehens gewesen.

Ist der Islam Teil von Europa?

Es lässt sich festhalten, dass der Islam bereits seit dem 8. Jahrhundert in Gestalt muslimisch besetzter Gebiete Einzug nach Europa gehalten hat, in denen es zu einer wissenschaftlichen, interreligiösen und interkulturellen Blüte kam. Die Erforschung, Kommentierung und Übersetzung wichtiger Werke in alle für europäische Intellektuelle wichtigen Sprachen sorgte einerseits für eine orientalische und okzidentalische Vermischung der Geistes- und Naturwissenschaften und bot andererseits einen fruchtbaren Nährboden für weitere europäische Renaissancen. Damit hat jegliche europäische Wiederbelebung historischer Werke ihren Mutterboden diesem vorangegangenen goldenen wissenschaftlichen Zeitalter zu verdanken, ganz konkret den Früchten des islamischen al-Andalus.

Ebenso hat das Osmanische Reich mit seiner 600 Jahre langen Präsenz in europäischen Ländern dazu beigetragen, dass die europäische kulturelle Entwicklung in diesen Ländern stark von islamischen Denk- und Handlungsweisen beeinflusst wurden. Genauso wie die Vermischung der Kulturen, die in al-Andalus stattfand, war das Osmanische Reich an einer wechselseitigen Durchdringung in ökonomischen, genauer gesagt: privat- und volkswirtschaftlichen, und sozialen Bereichen beteiligt.

Über die Jahrhunderte hinweg hat es immer in unterschiedlicher Intensität eine muslimische Beteiligung am europäischen Geschehen gegeben.

Summa summarum hat es also es über die Jahrhunderte hinweg immer in unterschiedlicher Intensität eine muslimische Beteiligung am europäischen Geschehen gegeben, sodass der Islam einen wesentlichen Teil von Europa verkörpert. Würde man den Islam beim Gedanken an Europa wegdenken wollen, so käme dies einer Verarmung der vielgestaltigen europäischen Identität gleich.

Literaturhinweise:

Robert L. Benson, Giles Constable (Hrsg.): Renaissance and Renewal in the Twelfth Century. Toronto 1999.

Thomas E. Burman: Tafsīr and Translation. Traditional Arabic Qurʾān Exegesis and the Latin Qurʾāns of Robert of Ketton and Mark of Toledo. In: Speculum 73 (1998), Nr. 3, S. 703-732.

Daniel Goffman: The Ottoman Empire and Early Modern Europe. Cambridge 2002.

Thomas Schmidinger: Islam, Migration, and the Muslim Communities in Europe. History, Legal Framework, and Organizations. In: Vedran Džihić, Thomas Schmidinger (Hrsg.): Looming Shadows. Migration and Integration at a Time of Upheaval. Baltimore/London 2012, S. 99-122.

* * *

Einige Grundbegriffe zum Islam

Sunniten und Schiiten

Nach dem Tod des Propheten Mohammed im Jahr 632 gab es Auseinandersetzungen innerhalb der islamischen Gemeinschaft, wer sein legitimer Nachfolger sein sollte. Die Mehrheit der Muslime einigte sich darauf, einen Kalifen (Nachfolger) zu benennen, der die politische und religiöse Führung der Muslime in einer Person vereinen könnte, ohne göttlich legitimierte Autorität zu beanspruchen. Sie wählten Abu Bakr (reg. 632 - 634) als Kalif und sahen sich mit diesem Vorgehen in der Tradition (arab. *sunna*, „Gewohnheit") des Propheten; daher rührt die Bezeichnung „Sunniten". Auch die beiden folgenden Kalifen Umar (oder Omar, reg. 643 - 644) und Uthman (reg. 644 - 656) wurden auf solche Weise ins Amt gesetzt. Eine Minderheit der Muslime lehnte die Entscheidung ab. Sie waren der Überzeugung, Gott selbst würde über den Nachfolger Mohammeds entscheiden, und dieser müsse auch aus dessen Familie stammen. Deshalb glaubten sie, dass nur Mohammeds Cousin und Schwiegersohn Ali und seine Nachkommen das Recht hätten, das politische Oberhaupt (Kalif, Imam) aller Muslime zu stellen. Da für diese Muslime Ali als der rechtmäßige Nachfolger galt, wurden sie von den Sunniten als Partei Alis bzw. Anhänger des Ali „*šīʿat ʿAlī*" bezeichnet. Die Anhänger dieser Glaubensrichtung heißen heute Schiiten. Die Unterschiede zwischen Sunniten und Schiiten waren anfänglich nicht theologischer Natur, sondern entsprangen der Frage, wer die Gemeinschaft der Muslime leiten soll. Bei den Sunniten bildete sich das Kalifat heraus, bei den Schiiten das Imamat. In beiden Hauptrichtungen gibt es jedoch verschiedene Rechtsschulen, Sufi-Orden (d. h. asketisch-mystische ausgerichtete Gruppierungen) und kleinere Sekten.

Scharia

Scharia (*Schariʿa*), das arabische Wort für das religiöse Gesetz im Islam, bedeutet ursprünglich „der Weg, der zur Wasserquelle führt". Wer Gottes Scharia folgt, kommt nicht in der Wüste um, sondern findet das Wasser des Lebens. Im Koran heißt es dazu: *„Dann gaben wir dir eine Schariʿa in der Religion, folge ihr und nicht den Gelüsten der Unwissenden"* (Sure 45:18). Man kann die „Scharia" definieren als die Gesamtheit der auf die Handlungen der Menschen bezogenen Vorschriften Gottes. „Scharia" ist auch die Bezeichnung für das auf göttliche Offenbarung zurückgeführte islamische Recht, für seine religiösen und rechtlichen

Normen, für die Mechanismen zur Findung dieser Normen und für die Auslegungsvorschriften des Islam. Sie ist kein Gesetzbuch, wie es manchmal den Anschein hat, sondern ein überaus kompliziertes System zur Findung von Normen und rechtlichen Regelungen. Zur Scharia gehören die Vorschriften über Gebet und Fasten, über die Speisegebote und die Pilgerfahrt nach Mekka ebenso wie das Vertrags-, Familien-, Erb- und Strafrecht.

Dschihad

„Dschihad" bedeutet „sich Mühe geben für etwas" oder „streben nach etwas". Es beinhaltet den unermüdlichen Einsatz jedes einzelnen Muslims gegen sein eigenes niederes Selbst, das zum Bösen verleitet, und ist zu verstehen als der permanente ethische Auftrag an das Individuum, sich selbst zu verbessern und für die Gesellschaft Gutes zu tun. Im Koran heißt es dazu: „*Und setze dich mit aller Kraft dafür ein (dschihad), dass Gott Gefallen an dir findet, so intensiv, wie es nur geht, und wie es Ihm gebührt...*" (Sure 22:78).

> Im eigentlichen Wortsinn bedeutet „Dschihad" nicht einen Krieg zur Verbreitung des Islam, sondern die Aufforderung an den Menschen, sich selbst zu verbessern und für die Gesellschaft Gutes zu tun.

Das Konzept, unter Dschihad sei angeblich der Krieg zur Verbreitung des Islam zu verstehen, ist nicht richtig. In der arabischen Sprache gibt es zwei Wörter für kriegerische Auseinandersetzungen: Das eine lautet „Qital" und bedeutet „Verteidigung gegen Angreifer", das andere „Harb" und umfasst alle anderen Arten von Krieg. Laut Koran ist Muslimen einzig und allein „Qital", also ein Defensivkrieg, erlaubt. Der Koran beschreibt in vielen Versen die Voraussetzungen eines solchen erlaubten Defensivkriegs. Danach ist die wichtigste Bedingung eine zuvor erfolgte Vertreibung aus den eigenen Häusern. Im Koran heißt es: „*Die Erlaubnis, sich zu verteidigen (qital), ist denen gegeben, gegen die (grundlos) Krieg geführt wird, weil ihnen Unrecht angetan worden ist – wahrhaftig, Gott hat die Macht, ihnen beizustehen – all jenen, die ungerechterweise aus ihren Häusern vertrieben worden sind*" (Sure 22:39-40).

Haddsch

Haddsch ist die islamische Pilgerfahrt nach der heiligen Stadt Mekka in Saudi-Arabien. Sie gehört zu den fünf Säulen des Islam. Mindestens einmal im Leben treten viele Muslime aus der ganzen Welt, die körperlich und finanziell dazu in der Lage sind, die weite Reise an. Die Pilgerreise wird zur Kaaba unternommen, die sich in Mekka befindet. Kaaba ist das „Haus Gottes", das heilig ist, seit der Prophet Abraham es zur Anbetung Gottes erbaut hat. Deshalb fühlen sich viele Muslime Gott an diesem Ort ganz besonders nahe. Das Pilgern wird als gottesdienstliche Tätigkeit betrachtet, die besondere Anerkennung verdient. Es dient als Buße – die ultimative Vergebung für Sünden, Hingabe und hochgradige Spiritualität. Die große Pilgerfahrt beginnt am 8.Tag des letzten Monats im Islamischen Jahr, dem Dhul-Hijjah, und endet am 13. Tag; die kleine Pilgerfahrt, 'Umra genannt, kann zu jeder beliebigen Zeit erfolgen.

Literaturhinweise:

Thomas Patrick Hughes: Lexikon des Islam. München 2000.
Martin Affolderbach, Inken Wöhlbrand (Hrsg.): Was jeder vom Islam wissen muss. Vollständig überarbeitete Neuauflage. München 2011.
Annemarie Schimmel: Der Islam. München 1999.
Mathias Rohe: Das islamische Recht. Geschichte und Gegenwart. 3., aktualisierte u. erweiterte Aufl. München 2011.

Armina Omerika

Gibt es *den* Islam, und wenn ja, wie viele?

> *Prof. Dr. Armina Omerika ist Juniorprofessorin für die Ideengeschichte des Islam an der Goethe-Universität Frankfurt am Main. Ihre Forschungsschwerpunkte liegen unter anderem auf dem islamischen Denken des 19. und 20. Jahrhunderts.*

Die populären Gegenüberstellungen „Islam" versus „Europa" übersehen eine lange Beziehungsgeschichte zwischen muslimischen und europäischen Gesellschaften und intellektuellen Traditionen. Auch moderne und weitverbreitete Islamverständnisse unter Musliminnen und Muslimen selbst sind zu einem guten Teil Ergebnis von diesen Verflechtungen. Die innere Ausdifferenzierung und Pluralisierung muslimischer Gemeinschaften und islamisch-religiöser Positionen vollzieht sich auch heute entlang einer Reihe von komplexen Faktoren, die sich nicht mit den traditionellen konfessionellen Trennungen und theologischen Klassifizierungen fassen lassen.

I.

Öffentliche und zunehmend auch politische Diskurse über das Verhältnis zwischen „Islam" und „Europa" tendieren dazu, in dichotomen Strukturen zu operieren, in denen sowohl „Islam" als auch „Europa" als distinkte und voneinander entfernte Einheiten mit klaren Demarkationslinien und Charakteristika gerahmt werden. Insbesondere im Kontext der Migrations- und Integrationsdebatten der letzten Jahre wird im Osten und im Westen Europas die Frage nach gegenseitiger Kompatibilität dieser zwei Größen und, viel konkreter, nach der Fähigkeit des „Islam" gestellt, sich an das anzupassen, was unter „europäischen Werten" angenommen wird. In diesen diskursiven Konstruktionen ist „Europa" schon lange keine rein geographische Referenz auf einen Kontinent, sondern wird, in wechselnden Konstellationen und mit unterschiedlichen Akzentsetzungen, als eine kulturelle, politische oder zivilisatorische Einheit definiert. „Der Islam" andererseits wird zu einem komplexen Aggregat aus unterschiedlichen Kategorien verdichtet, in denen Vorstellungen über „orientalische" Kultur und Mentalität, Bewertungen der gegenwärtigen politischen Realitäten des Nahen Ostens, religiös legitimierte politische Ideologien, Bezüge zu einzelnen Aussagen der islamischen religiösen Quellen und schließlich selektiv herausgegriffene normative Ordnungsvorstellungen etwa des islamischen Rechts zusammengewürfelt werden. Diese Vergegenständlichung des Islam hat der Berner Islamwissenschaftler Reinhard Schulze als eine Festschreibung des Islam zu einem „dichten Begriff" *(thick concept)* bezeichnet, einem Begriff also, mit dem Sachverhalte nicht nur beschrieben, sondern gleichzeitig auch bewertet werden und der entsprechend gleichzeitig deskriptive und normative Dimensionen in sich vereine.[1] Eine solch konstruierte, abgegrenzte und beschreibbare ontologische Einheit „Islam" erscheint dann als handelndes Subjekt („der Islam sagt, macht, gebietet, verbietet ..."), welches „die Muslime" und ihr Verhalten durchregiere oder zumindest durchregieren sollte. Entsprechend werden bei der Frage nach islamischer Authentizität die Muslime darauf abgeklopft, ob sie mit den diesem Gebilde angeblich innewohnenden Vorschriften übereinstimmen oder nicht.[2]

Solche Konstruktionen sind aus mehreren Gründen problematisch. Zunächst einmal verschwindet hinter der angenommenen Polarisierung zwischen „Europa" und „Islam" eine komplexe Beziehungs- und Beeinflussungsgeschichte zwischen muslimischen und europäischen Gemeinwesen und Gesellschaften, die von vielschichtigen ideengeschichtlichen, kulturellen, wirtschaftlichen und anderen Austausch- und Transferprozessen gekennzeichnet war. Vor diesem Hintergrund, und insbesondere mit Blick auf die mittlerweile immer öfter zu hörenden Forderungen nach einem „europäischen Islam" gilt es

> „Europa" und „Islam" sind durch eine komplexe Beziehungs- und Beeinflussungsgeschichte miteinander verbunden.

auch zu beachten, dass spätestens seit der Mitte des 19. Jahrhunderts die meisten Ausdrucksformen von Islamität und muslimische Konzeptualisierungen des Islam als Ergebnisse vor allem von Aushandlungen und Anpassungen islamischer Wissenstraditionen und islamisch-religiös legitimierter normativer Ordnungen an die europäische Moderne anzuse-

---

1 Reinhard Schulze: Der Islam als Objekt und Subjekt der Wissenschaft. In: Frankfurter Zeitschrift für Islamisch-Theologische Studien 2 (2015), S. 99 -125.
2 Ebd., S. 119.

hen sind. Neuere Forschungen[3] weisen zunehmend darauf hin, dass die soeben skizzierte Vergegenständlichung des Islam ein gemeinschaftliches Ergebnis der Arbeit von westlichen Islamforschern und islamischen Gelehrten und Intellektuellen war – unter den Letzteren vor allem von Denkern des so genannten islamischen Reformismus –, die sich an geteilten Diskursen seit der Mitte des 19. Jahrhunderts betätigten.

Die gemeinsame Konfiguration des „Islam", wie sie uns heute begegnet, geschah infolge von diskursiven und sozialen Vernetzungen und überlappenden intellektuellen Milieus zwischen muslimischen Intellektuellen aus dem Osmanischen Reich, Ägypten, Südasien und ihren westlichen Kollegen. Intellektuelle Diskurse in diesen Räumen wiesen ähnliche Problemstellungen auf, die sich vor dem Hintergrund der Erfahrung einer globalisierter Moderne und der Abarbeitung an modernen Vorstellungen – wie beispielsweise Nation, Kultur, Zivilisation, Souveränität – entfalteten, die ihren Ursprung in Europa hatten, aber weltweit, darunter auch in der islamischen Welt, produziert und reproduziert wurden. Die spezifischen und lokal unterschiedlichen Bedingungen haben zu einer unterschiedlichen Ausgestaltung und semantischen Aufladung dieser Begriffe geführt, ihre Durchlässigkeit jenseits von kulturellen, religiösen oder staatlichen Grenzen aber nicht verhindern können. Wenn der Islam in heutigen muslimischen Diskursen als starr vorgegeben und unveränderlich aufgefasst wird, ist das zu einem guten Teil ein Produkt der Moderne, allerdings kann man dann durchaus an manche auch in der älteren islamischen Theologiegeschichte vorhandenen Tendenzen anknüpfen, die reichlich Anschlussmöglichkeiten hierfür bieten und die entsprechend operationalisiert werden.

II.

Das Problembewusstsein über diese Sicht des Islam (wenn auch zugegebenermaßen weniger das über ihre ideengeschichtlichen Hintergründe), das Gebot der Differenzierung in der wissenschaftlichen Betrachtung und nicht zuletzt die berechtigten Sorgen um die Folgen von dichotomen und polarisierenden Bildern von „Europa" und „Islam" auf die politischen Entscheidungsprozesse und den Zusammenhalt in gegenwärtigen pluralen europäischen Gesellschaften liegen dann auch

---

3 Z. B. Dietrich Jung: Orientalists, Islamists and the Global Public Sphere. A Genealogy of the Modern Essentialist Image of Islam. Sheffield 2011.

den mittlerweile auch öffentlich wahrzunehmenden Warnungen zugrunde, „den Islam" gebe es gar nicht.

Und in der Tat ist die islamische Religion als eine globale Religion ein komplexes Gefüge aus diskursiven Traditionen und religiösen Praktiken, die sich vierzehn Jahrhunderte lang über große geographische Räume entwickelt haben, mit unterschiedlichen kulturellen Prägungen und Artikulationsformen und jeweils in Wechselwirkung mit den jeweiligen historischen, politischen und allgemein gesellschaftlichen Zusammenhängen, in denen sich diese manifestierten. Doch aus binnenmuslimischer Perspektive ist die Verneinung der Existenz „des Islam" keineswegs eine leicht hinzunehmende Angelegenheit: Wenn es „den Islam" nicht gibt, worauf beziehen sich dann über eine Milliarde Menschen weltweit, die sich als Muslime bezeichnen? Schließlich gilt der Islam den Gläubigen als eine wichtige identitäts- und sinnstiftende Bezugsgröße in der eigenen lebensweltlichen Orientierung. Der jegliche kulturelle Grenzen überschreitende Wiedererkennungswert von bestimmten symbolischen und sprachlichen Bezügen wie etwa der *šahāda* (des Glaubenszeugnisses) oder die in der Erfahrung der Pilgerfahrt nach Mekka konkret erlebte Gemeinschaft von Muslimen aus der ganzen Welt sprechen für die Existenz eines trotz aller partikularen Unterschiede real existierenden gemeinsamen Referenzrahmens.

> *Die islamische Religion bildet ein komplexes Gefüge aus diskursiven Traditionen und religiösen Praktiken, die sich vierzehn Jahrhunderte lang über große geographische Räume entwickelt haben.*

Es verwundert daher nicht, dass sich die Islamforschung in ihren unterschiedlichen disziplinären Ausprägungen immer wieder die Frage nach der eigenen Gegenstandsbestimmung bzw. nach der Tauglichkeit des Begriffs „Islam" als analytische Kategorie stellt[4], ebenso wenig wie die binnendiskursive Tendenz von innermuslimischen Debatten und Auseinandersetzungen überrascht, letztlich immer wieder in die Frage zu münden: *Was ist Islam?* In dieser auf den ersten Blick nach einer Wesenhaftigkeit des Islam fragenden Erkundigung steckt im Grunde die

---

4 Vgl. Marco Schöller: Methode und Wahrheit in der Islamwissenschaft. Prolegomena. Wiesbaden 2000; Stephan Conermann, Syrinz von Hees (Hrsg.): Islamwissenschaft als Kulturwissenschaft. I. Historische Anthropologie – Ansätze und Möglichkeiten. Schenefeld 2007; Abbas Poya, Maurus Reinkowski (Hrsg.): Das Unbehagen in der Islamwissenschaft. Ein klassisches Fach im Scheinwerferlicht der Politik und Medien. Bielefeld 2008.

Frage nach Begründungszusammenhängen von Islamität: Mit welchen Plausibilitätskriterien werden Positionen, Verhaltensweisen oder sogar ganze Lebensbereiche und wissenschaftliche Traditionen – beispielsweise Geschichte, Kunst oder Philosophie – als „islamisch" bezeichnet? Die Kritik zeitgenössischer muslimischer Denker an muslimischen wie nichtmuslimischen Festlegungen von Islam richtet sich mitunter auch gegen die Verrechtlichung des Islam, d. h. gegen die Dominanz des religionsrechtlichen Aspekts des Islam über die religiös-spirituelle Dimension (Abdolkarim Soroush) oder über die universalistisch-humanistischen Potenziale der islamischen intellektuellen Traditionen (Mohammed Arkoun, Abdelmajid Charfi). Nicht zuletzt wird dafür plädiert, die stark legalistisch konnotierte Definition des Islam aufzulösen und stattdessen bei der Begriffsbestimmung sämtliche Formen der muslimischen Kulturproduktion, von Dichtung und Literatur, Philosophie bis hin zu Architektur, Musik und Essgewohnheiten zu berücksichtigen, denen – sinngemäß – ein islamisches Ethos zugrunde liegt.[5]

Im Grunde geht es bei diesen Debatten darum, den Widerspruch zwischen dem schon begrifflich kaum vermeidbaren Rekurs auf eine im kohärenten Sinne verwendete Bezugsgröße „Islam" einerseits und einer real vorhandenen Heterogenität von Praktiken, Glaubenslehren, theologischen Positionen und lebensweltlichen Verortungen andererseits aufzulösen, die als islamisch bezeichnet werden.

Diese Heterogenität umfasst dabei viel mehr als die große konfessionelle Trennung in Sunniten und Schiiten oder die Existenz unterschiedlicher theologischer Strömungen und der „anerkannten" Rechtsschulen, die zumeist in orthodoxen Selbstbeschreibungen (der Neuzeit) als Beleg für die innermuslimische Vielfalt angeführt werden. Abgesehen von der Ausblendung von Kontextualität und vom historischen Wandel als einem Faktor der steten Ausdifferenzierung muslimischer Gemeinschaften und der laufenden Interpretation und Reinterpretation von Glaubenslehren wird diese nach wie vor oft reproduzierte Vorstellung von innerislamischer Diversität weder neuen Formen von Differenz, persönlicher Religiosität, neuen Formen von Normativität noch den unterschiedlichen Methoden der Auslegung und der Lektüre von religiösen Texten gerecht, die in der heutigen Zeit unter Musliminnen und Muslimen weltweit zur Geltung kommen.

---

5 Shahab Ahmad: What is Islam? The Importance of Being Islamic. Princeton, NJ, 2016.

Selbstverständlich gibt es die als gemeinsam geltenden und als „Säulen" bekannten zentralen Grundsätze des Islam – das Glaubenszeugnis und die weiteren vier „Säulen" (das tägliche Gebet, das Fasten im Ramadan, die Almosensteuer und die Pilgerfahrt), ebenso wie es die zentralen Glaubensquellen des Islam gibt – den Koran und die Sunna, die Tradition des Propheten, die spätestens seit dem 9. Jahrhundert im Korpus der Überlieferungsberichte (Hadithe) schriftlich tradiert wurde. Doch schon bei den schriftlichen Glaubensquellen gehen die theologischen Positionierungen auseinander: Die Frage beispielsweise, ob und inwiefern Hadithe als Quelle religiöser Normativität gleichrangig zu behandeln sind mit dem Koran, wird selbst innerhalb der zwei großen konfessionellen Gemeinschaften keineswegs einstimmig beantwortet, auch jenseits der aus der westlichen historischen Islamforschung angestoßenen und unter Muslimen durchaus rezipierten Debatte um die Authentizität der Hadithe. Verschiedene Positionen über die Rechtsrelevanz von Hadithen ebenso wie die Frage nach der verbindlichen Beispielhaftigkeit von prophetischen Handlungen für die Gläubigen sind dabei bereits in der klassischen islamischen Tradition verankert gewesen und wurden differenziert behandelt.

Einerseits gibt es die als „Säulen" bekannten zentralen Grundsätze des Islam, andererseits gehen die theologischen Positionierungen schon bei den schriftlichen Glaubensquellen auseinander.

Ein in diesem Zusammenhang wichtiges Differenzierungskriterium, zumindest wenn es um die Glaubenslehren und ihre Umsetzung in der lebensweltlichen Anwendung geht, betrifft die unterschiedlichen Lesarten der religiösen Quellen, die auf unterschiedlichen Methodologien und hermeneutischen Prämissen beruhen, und zwar jenseits der klassischen konfessionellen und theologischen Trennlinien. Eine entsprechende Ausdifferenzierung ist nicht nur in modernen akademisierten Formen des Islam zu finden, wie sie sich auch an Universitäten im deutschsprachigen Raum in Gestalt eines neues Faches „Islamische Theologie" entwickeln, sondern zunehmend auch in populären Diskursen unter Muslimen, quasi als Antwortmöglichkeiten auf die Bedürfnisse und Erfordernisse des Lebens unter den Bedingungen einer zunehmend verdichteten gesellschaftlichen Pluralität. Ein wichtiges Spannungsfeld in diesem Zusammenhang, das sich auch ganz bedeutsam auf die Hermeneutik insbesondere der Koranlektüren auswirkt, ist der Konflikt zwischen universalistischen und historisierenden Zugängen zu den Quellen. Vereinfacht gesagt geht es dabei um die Frage, ob Aussagen des Korans in ihrer wörtlichen Bedeutung eine überzeitliche Gültigkeit besitzen oder ob diese nur im Hinblick auf die konkret angesprochene Adressatengemeinde gültig sind, während der „Geist", die hermeneutisch erschlossene übergeordnete Botschaft und Prinzipien hinter diesen Aussagen von überzeitlicher Relevanz sind. Während die Annahme, der Koran sei ursprünglich als mündliche Rede über zwanzig Jahre in die Dynamik einer sich entwickelnden Gemeinde hinein offenbart worden, beiden Perspektiven gemeinsam ist, herrscht eine große Uneinigkeit über die normative Gültigkeit dieser Aussagen jenseits der konkret angesprochenen Adressaten. Auch diese Debatten nehmen zum Teil diskursive Tendenzen der klassischen islamisch-theologischen Disziplinen auf, verarbeiten sie allerdings unterschiedlich unter den Bedingungen der Gegenwart.

III.

Islamische Theologie mag in ihren klassischen Formen an den traditionellen Bildungseinrichtungen in der islamischen Welt noch nicht in derselben Geschwindigkeit mit der westlichen Akademie mitziehen, aber Interpretation und Reinterpretation von Quellen und Glaubenslehren vor dem Hintergrund sich jeweils wandelnder Erkenntnishorizonte sind selbstverständlich Teil von subjektiven religiösen Erfahrungen von Musliminnen und Muslimen auch unabhängig von den Positionierungen der Gelehrsamkeit. Schließlich gilt es zu bedenken, dass auch muslimische Gläubige keine Theaterdarsteller sind, die sich im Einklang mit von außen vorgeschriebenen Rollen benehmen, sondern Subjekte in ihren Alltagszusammenhängen, deren Einstellungen, Handlungsweisen und Diskurse von einer Vielzahl von Faktoren auch jenseits von Religion bestimmt und geprägt werden.

Anja Middelbeck-Varwick

Zwischen Anspruch und Wirklichkeit
Zum Stand des christlich-muslimischen Dialogs in Deutschland

> *Priv.-Doz. Dr. phil. habil. theol. Anja Middelbeck-Varwick ist Vertretungsprofessorin für Katholische Theologie an der Europa-Universität Flensburg.*

Der christlich-muslimische Dialog in Deutschland ist aktuell von gegenläufigen Entwicklungen geprägt: Einerseits wirken die zunehmende gesellschaftliche Religionsskepsis sowie eine sich neu artikulierende Islamfeindschaft negativ auf das Gespräch zurück. Andererseits hat sich der Dialog seit Jahrzehnten in Wissenschaft und Praxis etabliert und weiter ausdifferenziert, sodass hier inzwischen jenseits der klassischen Streitfragen zahlreiche Themen gemeinsam bearbeitet und vertieft werden können.

Der veränderte Rahmen des Dialogs: Vom Multi-Kulti-Ideal zur Religionsskepsis

Eine ganze Weile schien es so, als seien interreligiöse Dialoge hierzulande quasi omnipräsent. Die Kirchen organisierten und initiierten sie in Gemeinden, Verbänden, Diözesen, auf Katholikentagen oder in Akademien. Bis in die 1990er Jahre galt zudem gesellschaftlich die so genannte „Multikulturalität" weithin als ein großes Ideal, die Vielfalt der Religionen und Kulturen als zu förderndes Gut, das entsprechend harmonisch gelebte Miteinander als zu erreichendes Ziel.

Die Ereignisse des 11. Septembers 2001 markierten nicht nur in Bezug auf das Gespräch mit „dem" Islam eine verheerende Wende: Verstärkt wurden Zweifel am Sinn interreligiöser Dialoge laut, vermehrt wurde fortan problematisiert, warum und wozu dieser überhaupt geführt werde. Die einsetzende Kritik an einer vermeintlich allzu blauäugigen Dialogindustrie wird gegenwärtig verstärkt durch jene gesellschaftlichen Stimmen, die den Religionsgemeinschaften – und hierbei insbesondere dem Islam – kritisch gegenüber stehen. Sie sehen Religionen vor allem als Quelle für Gewalt, Konflikte und Kriege und trauen ihnen nicht mehr zu, dass sie Sinn stiften, Orientierung bieten und Frieden schaffen. Eine solche Wahrnehmung ist in einer Zeit, in der Extremisten weltweit den Namen Gottes für ihre Schandtaten missbrauchen, und angesichts andauernder weltweiter terroristischer Gräueltaten durchaus nachvollziehbar. Zugespitzt wird zuweilen gefragt, ob es nicht besser um den Frieden bestellt wäre, wenn es keine Religionen gäbe.

Die Angst vor dem Islam in Europa ist keine Erfindung rechtspolitischer Bewegungen, sondern bestimmte die abendländische Islam-Wahrnehmung seit dem Mittelalter.

Das christlich-muslimische Gespräch hat in besonderer Weise mit diesen Anfragen zu tun. Hinzu kommt, dass die ohnehin schon vorhandenen gesellschaftlichen Ängste gegenüber „dem Islam", dem man pauschal die Ursache für viele der genannten Entwicklungen zuweist, eine immer größere Islamfeindschaft befeuert. Diese neue Islamfeindschaft greift in allen Schichten der Gesellschaft Raum und wird somit selbst zur Ursache weiterer Probleme: Pauschalisierungen und Rassismus führen dazu, dass bestimmte Gruppierungen unseres Landes „den Islam" vor allem als eine Bedrohung des „christlichen Abendlandes" sehen und neue Abgrenzungsmechanismen befördern. Die Angst vor dem Islam in Europa ist hierbei keine Erfindung rechtspolitischer Bewegungen, sondern bestimmte die abendländische Islam-Wahrnehmung seit dem Mittelalter. Tief verankerte stereotype Bedrohungsszenarien können so in neuer Instrumentalisierung und leitkultureller Inszenierung wirksam werden. Doch auch schon in den hoch aufgeladenen Symboldebatten um Kopftuch und Kreuz spiegelt sich eine jahrhundertealte Konfliktgeschichte.

Katalysierend wirkt, dass die gesellschaftliche Debatte seit 2015 verstärkt von der so genannten Flüchtlingsdebatte mitbestimmt wird: Wahrgenommen wird, dass mit den aus Syrien, Afghanistan oder Iran geflohenen Menschen „neue", vor allem arabische Musliminnen und Muslime in Deutschland Schutz finden. Trotz einer zunächst aufblühenden „Willkommenskultur" haben sich die diesbezüglichen Bewertungen rasch gewandelt. Überaus problematisch ist, dass der muslimische Glaube seither in oft unzulässiger Verkürzung nur mehr (oder auch verstärkt wieder) als Teil der aktuellen Integrationsdebatte wahrgenommen und bewertet wird. Wie sehr schließlich der Themenkomplex „Religion, Migration und Integration" in Deutschland zum Zentralthema des Selbstverständnisses und der Artikulation gesellschaftlicher Problemlagen wurde, hat die letzte Bundestagswahl deutlich gemacht. Doch den muslimischen Glauben nur mehr als Teil eben dieser Debatten zu sehen, formt unhaltbare Schieflagen aus: Denn der Islam ist schon längst kein neuer Faktor des religiösen und sozialen Zusammenlebens mehr. Vielmehr sind muslimische Gläubige seit vielen Jahrzehnten in Deutschland präsent, viele wurden hier geboren, sind folglich gleichermaßen hier beheimatet und gesellschaftlich verwurzelt. Der immer wieder unternommenen Konstruktion einer vermeintlichen „nationalen Nichtzugehörigkeit" gelingt allerdings durchaus, was sie erreichen will: Es wird eine neue Andersartigkeit konstruiert, die einen völligen Gegensatz von „Islam" und „Deutschland" schafft, der doch längst überwunden schien. Inwiefern diese Wahrnehmungen zu Haltungen führen, die umgekehrt Einfluss nehmen auf den restriktiven Kurs der deutschen und europäischen Migrationspolitik, wäre an anderer Stelle zu erörtern.

Angesichts dieser Skizze zeigt sich: Es gibt keine Alternative zum Dialog der Religionen untereinander und keine Alternative zum Dialog der Religionsgemeinschaften mit der Gesamtgesellschaft. Nur durch ihn können notwendige Korrekturen und Differenzierungen vorgetragen und geleistet werden. Der interreligiöse Dialog ist in diesen Tagen eine der vordringlichen Aufgaben der christlichen Kirchen und Moscheegemeinden und er ist zugleich politischer denn je. Sie müssen gesellschaftlich noch stärker demonstrieren, dass ihre Bekenntnisse gerade nicht zu Gewalt, Terror und Konflikten führten, sondern zu Versöhnung und Verständigung. Erforderlich ist hierfür, dass die Werte der Religionen über die eigenen Kontexte hinaus erschlossen werden, um sie positiv und handlungsorientierend in die Gesellschaft einzubringen. Im gemeinsamen Eintreten gegen Gewalt und Rassismus beispielsweise, aber auch in vielen religionskundlichen Informationen haben sich bundesweit zahllose Formate etabliert, die diese Aufgabe immer wieder neu bearbeiten.

Grundlagen des katholisch-muslimischen Gesprächs

Doch was meint der interreligiöse Dialog heute näherhin? Inwiefern kann er ein theologischer Dialog sein, bei dem es um zentrale Glaubensfragen geht, und inwiefern geht es doch eher um ein ethisches Zusammenwirken von Glaubensgemeinschaften?

Hierzu seien einige Überlegungen aus römisch-katholischer Perspektive vorgestellt, die mit einem Blick auf die „Erklärung über das Verhältnis der Kirche zu den nichtchristlichen Religionen" *(Nostra Aetate)* des Zweiten Vatikanischen Konzils (1962-1965) beginnen sollen. Diese Fokussierung übergeht – allein aufgrund der geforderten Kürze – die wichtige ökumenische Dimension des Themas.

Die Magna-Charta des katholischen Dialogs mit „dem" Islam: Nostra Aetate 3

Ohne Frage kann das Konzilsdokument „Nostra Aetate" (NA) zu Recht als das katholische Grundsatzdokument des interreligiösen Dialogs gelten.[1] Eine solche Einschätzung übersieht weder den anfanghaften Charakter, von dem der Text in vielen Passagen geprägt ist, noch seine Leerstellen, Brüche und Spannungen. Mit dem Konzil hat sich die katholische Kirche erstmals den Fragen des religiösen Pluralismus gestellt, eine dialogische Öffnung versucht und die anderen Weltreligionen positiv gewürdigt. Doch behandelt NA nicht alle Religionen gleichermaßen, sondern führt vor allem grundlegend ein neues Verhältnis von Kirche und Judentum ein. Dargelegt wird dann erstmals sehr knapp das Verhältnis der Kirche zu den Muslimen; auf weitere Religionen wird hingegen kaum konturiert Bezug genommen.

Die katholischen Dialoge mit Judentum und Islam haben im Anschluss an das Konzil recht getrennte Wege genommen. Während sich die Israeltheologie der Kirche nachfolgend bald sehr differenziert entwickelt hat, konnte das christlich-muslimische Gespräch erst in jüngerer Zeit zu weiterführenden Fragen vordringen. Mit der zunehmenden theologischen Aufmerksamkeit für den Islam kehren die vom Konzil offengehaltenen Fragen wieder. Doch ist bis heute von einer über die Aussagen des Konzils hinausgehenden „Islamtheologie" der katholischen Kirche leider kaum zu reden. Auch fällt auf, dass eine Explikation der eigenen Relation zum Judentum sich in den heutigen christlich-muslimischen Dialogen kaum reflektiert findet – und umgekehrt.

Inzwischen liegt der Schwerpunkt des interreligiösen Dialogs in Mitteleuropa ohne Frage auf dem christlich-muslimischen Gespräch, was schlicht an der wachsenden Anzahl europäischer Musliminnen und

---

[1] Text in deutscher Übersetzung z. B. unter http://www.vatican.va/archive/hist_councils/ii_vatican_council/documents/vat-ii_decl_19651028_nostra-aetate_ge.html.

Muslime liegt. Mit Abstand dazu hat der etablierte christlich-jüdische Dialog nach wie vor besonderes Gewicht. Im Vergleich zu den Feinbestimmungen des Verhältnisses zum Judentum sind die theologischen Reflexionen zum Islam noch weitaus stärker von Suchbewegungen geprägt. Das Konzil hat mit NA 3 eine zweifelsohne weitsichtige und eminent bedeutsame Grundlegung geschaffen. Doch die Aussagen des Konzils sind andererseits sehr deutlich, was ihre Haltung und Grundoption angeht. Schon in der Kirchenkonstitution heißt es zu den Muslimen, dass sie *„mit uns den einzigen Gott anbeten" (Lumen Gentium 16).* Die Muslime werden hier in die Heilsabsicht Gottes eingeschlossen, d. h. ihr Glaube wird vom Zweiten Vatikanum zweifelsohne nicht gleichrangig, aber doch als Heilsweg anerkannt. Im dritten Artikel von „Nostra Aetate" werden dann bewusst die Gemeinsamkeiten von Muslimen mit dem Christentum betont. Hier lautet der erste Satz des viel zitierten Artikels 3: *„Mit Wertschätzung betrachtet die Kirche auch die Muslime, die den einzigen Gott anbeten, den lebendigen und in sich seienden, barmherzigen und allmächtigen, den Schöpfer des Himmels und der Erde, der die Menschen angesprochen hat, dessen auch verborgenen Ratschlüssen mit ganzem Herzen sich zu unterwerfen sie bemüht sind, so wie Abraham sich Gott unterworfen hat, auf den sich der islamische Glaube gern bezieht."*

„Mit Wertschätzung", also sehr anerkennend spricht der Text über den Glauben und die Glaubenspraxis der Muslime. Das monotheistische Bekenntnis, das Bekenntnis zum „einzigen Gott", wird als das Proprium muslimischen Glaubens unterstrichen, wobei die wichtigsten islamischen Attribute zur Beschreibung Gottes verwendet werden. Die Formulierung „der die Menschen angesprochen" hat, impliziert die Identität des einen jüdischen, christlichen und muslimischen Gottes. Allerdings findet der Koran ebenso wenig Erwähnung wie der Prophet Mohammed. Dies ist oft kritisiert worden, zum einen, weil mit dem Verschweigen des islamischen Propheten die zweite Hälfte des muslimischen Glaubensbekenntnisses ausgeblendet wird, zum andern, weil die Nichterwähnung des Korans die muslimische Offenbarung in ihrem zentralen Text ignoriert. Mit der weit gefassten Formulierung „der zu den Menschen gesprochen hat" wird vermieden, dem Islam – konkret dem Propheten Mohammed und dem Koran – einen Ort in der christlichen Heilsökonomie – oder aber ihr gegenüber – zuzuweisen. Genannt wird hingegen Abraham als der sich Gott Unterwerfende, der als großes Glaubensvorbild gilt. Auch wird im Folgenden die Verehrung Jesu als Prophet gewürdigt, wobei sich hier der knappe Zusatz „den sie zwar nicht als Gott anerkennen" angefügt findet. Es fehlen auch hier die damit einhergehenden Kontroversen, wie zum Beispiel die Bestreitung des Kreuzestodes Jesu oder die Ablehnung der Trinität. Im Interesse der Betonung von Gemeinsamkeiten wird selbst die „manchmal" vorkommende Anrufung Mariens erwähnt. Zudem wird abschließend die islamische Ethik und Glaubenspraxis gewürdigt. Schließlich erinnert NA 3 an die konfliktreiche Geschichte christlich-muslimischer Begegnung, die man nun im Interesse eines gemeinsamen Eintretens für den „Frieden und die Freiheit" beiseitelassen, ja vergessen solle.

Die christliche Theologie bedarf heute eines weitergehenden Nachdenkens über die Bedeutung der muslimischen Offenbarung.

Zum Zeitpunkt des Konzils war NA 3 ein sinnvoller, konsequenter Neuanfang. Nach Jahrhunderten der wechselseitigen Verunglimpfungen von Christen und Muslimen erfolgte erstmals überhaupt eine positive lehramtliche Bezugnahme auf den muslimischen Glauben, die in den nachfolgenden Pontifikaten oft aufgegriffen wurde.

Doch ist inzwischen die Zeit der Aufarbeitung des Vergangenen gekommen, damit es wahrhaft zu einer neuen Weise der gegenseitigen Verständigung kommen kann. Vor allem aber bedarf die christliche Theologie heute eines weitergehenden Nachdenkens über die Bedeutung der muslimischen Offenbarung und eine entsprechende christliche „Islamtheologie".

Aktuelle Themen und Einrichtungen
Während unmittelbar nach dem Konzil jenseits wichtiger Pionierarbeiten kaum christlich-systematische Einzelstudien zum Themenfeld Islam vorgelegt wurden, hat sich dies im deutschsprachigen Raum seit Ende der 1990er Jahre nach und nach gewandelt. Nicht zuletzt erfuhr durch die 9/11-Widerfahrnisse auch das theologische Interesse am Islam wie das Interesse an der Begegnung mit Musliminnen und Muslimen eine immense Ausweitung. Hier nur wenige Schlaglichter:
- Ein Spiegelbild dieses wachsenden Interesses an Informationen über den Islam im kirchlichen Bereich ist beispielsweise die Entwicklung der Christlich-Islamischen Begegnungs- und Dokumentationsstelle e. V. (CIBEDO) in Frankfurt-Sankt Georgen. Sie wurde 1978 als Einrichtung der Afrikamissionare gegründet und erledigt seit 1998 ihre Aufgaben im Auftrag der Deutschen Bischofs-

- Seit inzwischen 15 Jahren liefert auch das bundesweite Theologische Forum Christentum-Islam wichtige Anstöße für die interreligiöse Debatte, zu dem jährlich etwa 130 Wissenschaftler/innen der religionsbezogenen Fächer in Stuttgart zusammentreffen. Nachdem in den ersten Jahren klassische theologische Themen paritätisch aus christlicher wie muslimischer Perspektive verhandelt wurden (z. B. Schriftverständnis, Gebet, Prophetie), wandte sich das Forum in jüngster Zeit der gemeinsamen Bearbeitung ethischer Fragen zu (z. B. Armut, Migration). Ein ebenso wichtiger wie produktiver Impulsgeber für das Debattenfeld ist zudem das Zentrum für Komparative Theologie in Paderborn.
- Zur Ausdifferenzierung der Diskurse im Feld der christlich-muslimischen Beziehungen trug sehr wesentlich die Etablierung von fünf Instituten für Islamische Theologie (Tübingen, Münster, Osnabrück, Erlangen und Frankfurt a. M.) im Jahr 2011 bei. Hinzu kommt in Kürze das in diesem Jahr an der Berliner Humboldt-Universität gegründete Institut für Islamische Theologie. Die Ausdifferenzierung vollzieht sich einerseits durch die Ausbildung islamischer Religionslehrerinnen und -lehrer und die Einführung dieses Unterrichtsfaches, andererseits durch die Weiterentwicklung des fachwissenschaftlichen Diskurses über Graduiertenschulen, Forschungsprojekte, Konferenzen und Publikationen. All diese Entwicklungen zeigen an, dass auch angesichts der bestehen bleibenden klassischen Streitfragen eine immense Weiterentwicklung des Themengebietes in vollem Gange ist: Die wechselseitigen Kenntnisse wachsen, wodurch sich Sichtweisen verändern und Positionen verschieben. Ungelöst bleibt allerdings die Frage nach dem Ort der Imam-Ausbildung.

> *Aktuell bildet die überaus angespannte politische Situation innerhalb der großen türkischstämmigen muslimischen Gemeinschaft ein Problem für den Dialog.*

- In der Dialogpraxis stellt aktuell die überaus angespannte politische Situation innerhalb der großen türkischstämmigen muslimischen Gemeinschaft ein Problem dar. Diese hat auch in religiösen Angelegenheiten zu starken Lagerbildungen geführt, die besorgniserregend sind. Die politischen Spannungen sind vor allem zwischen den Moscheen der DITIB und den Einrichtungen der Hizmet-Bewegung auszumachen, allerdings finden sich wenige vermittelnde muslimische Einrichtungen. Da vor allem die DITIB als langjähriger verlässlicher Partner in vielen loka-

len Dialogprojekten involviert ist, stehen diese nun vielerorts auf dem Prüfstein. Mit welchem der Lager soll in der interreligiösen Zusammenarbeit kooperiert werden und was ist zu tun, wenn lange gewachsene interreligiöse Beziehungen oder gar persönliche Freundschaften unter den veränderten politischen Bedingungen fragwürdig oder zerbrechen werden?
- Dass es um den christlich-muslimischen Dialog in der Praxis hierzulande am Ende gut bestellt ist, zeigt hingegen die immer stärkere Etablierung einer „Iftar-Tradition" im Fastenmonat Ramadan. War das allabendliche Fastenbrechen in früherer Zeit eine „rein" muslimische Angelegenheit, so verändert sich dies: Nicht nur Musliminnen und Muslime laden zunehmend in ihren Kontexten dazu ein, auch öffentliche oder kirchliche Einrichtungen etablieren hier eine für Deutschland neue religiöse Praxis, die sich als sehr bereichernd erweist.

Literaturhinweise:

CIBEDO e. V. (Hrsg.): Die offiziellen Dokumente der katholischen Kirche zum Dialog mit dem Islam. Zusammengestellt von Timo Güzelmansur. Regensburg 2009.
Hureyre Kam: Reflexionen über Sinn und Unsinn des Dialogs. In: CIBEDO-Beiträge 1/2017, S. 2-6.
Volker Meißner (u. a., Hrsg.): Handbuch christlich-islamischer Dialog. Grundlagen – Themen – Praxis – Akteure. Freiburg 2014.
Anja Middelbeck-Varwick: Cum Aestimatione. Konturen einer christlichen Islamtheologie. Münster 2017.
Andreas Renz: Die katholische Kirche und der interreligiöse Dialog. 50 Jahre „Nostra aetate" – Vorgeschichte, Kommentar, Rezeption. Stuttgart 2014.
Mathias Rohe (u. a., Hrsg.): Christentum und Islam in Deutschland: Grundlagen, Perspektiven und Erfahrungen des Zusammenlebens. Freiburg 2015.

Karolina Wigura

Flüchtlinge in Polen. Die Angst vor den Fremden ohne Fremde

> Karolina Wigura ist Redakteurin der polnischen Internetzeitschrift „Kultura Liberalna", wissenschaftliche Assistentin am Institut für Soziologie der Universität Warschau und Ko-Direktorin des Programms „Knowledge Bridges: Poland – Britain – Europe" am St. Antony's College an der Universität Oxford.

Die Flüchtlingskrise ist in den vergangenen Jahren zum Gegenstand einer der schärfsten Debatten seit Wiedererlangung der Unabhängigkeit Polens 1989 geworden. Diese Debatte wurde rasch von der weitreichenden Polarisierung der polnischen Öffentlichkeit geprägt. Deshalb hat sie sich stark radikalisiert, wobei die polnische Gesellschaft die Chance vertan hat, über die große Veränderung nachzudenken, die in den letzten Jahrzehnten in unserem Land vor sich gegangen ist. Und so ist Polen von einem traditionellen Auswandererland zu einem Staat geworden, der für Zuwanderer interessant ist.

In einem seiner Essays hat der bedeutende Soziologe Georg Simmel (1858 - 1918) vor mehr als hundert Jahren über die besondere Rolle geschrieben, die Fremde in jeder Gesellschaft spielen. Simmel zählte verschiedene Personen zu dieser Kategorie: Kaufleute, Zuwanderer, assimilierte Juden usw. Er meinte, dass diese Menschen auf Dauer mit keinem Element der Sozialstruktur verbunden seien, weshalb ihre Lage außergewöhnlich sei. Die besondere Verknüpfung von Nähe und Distanz führe dazu, dass sie scharfsinnige Beobachter der Gesellschaft seien, oft aber auch würde man ihnen „die überraschendsten Offenheiten und Konfessionen" entgegenbringen, „bis zu dem Charakter der Beichte ..., die man jedem Nahestehenden sorgfältig vorenthält".

In Polen sind in den letzten Jahren aufgrund der Flüchtlingskrise, oder vielmehr aufgrund ihrer Darstellung in den Massenmedien, Flüchtlinge aus Syrien und anderen nahöstlichen Ländern zu einem Synonym für Fremde geworden.[1] Die Geschichte der Debatten hierüber, aber auch die Veränderungen der gesellschaftlichen Einstellungen gegenüber den Flüchtlingen ergänzen Simmels Essay jedoch um einen paradoxen Epilog. Der Soziologe meinte, man müsse sich, um fremd zu sein, zumindest von Zeit zu Zeit unter den Angehörigen der betreffenden Gesellschaft aufhalten. Flüchtlinge aus Syrien, die an der Weichsel besonders viele Ängste auslösen, sind jedoch in Polen nie eingetroffen.

Dieses Paradox hat seine tiefen Gründe. Teilweise hängen sie mit der weitreichenden Polarisierung der polnischen Öffentlichkeit zusammen. Diese Polarisierung führt nicht nur zu einer Radikalisierung der Flüchtlingsdebatte, sondern sie ist längerfristig auch für die liberal-demokratische Grundordnung unseres Landes gefährlich. Eine Teilursache für dieses Paradox besteht aber auch darin, dass Polen, nachdem es lange ein traditionelles Auswanderungsland war, in den letzten Jahrzehnten – vor unseren Augen – zu einem Land geworden ist, für das sich Zuwanderer interessieren. Das verursacht nicht nur Verwunderung, sondern auch viele Ängste und Frustrationen.

Flüchtlinge aus Syrien, die an der Weichsel besonders viele Ängste auslösen, sind in Polen nie eingetroffen.

Die Flüchtlingskrise im Schraubstock der Polarisierung

Polarisierung ist in der öffentlichen Debatte Polens nichts Neues. Auf die Existenz der charakteristischen Teilung in zwei entgegengesetzte Lager ist schon lange vor 1989 hingewiesen worden. Die Angehörigen der oppositionellen Gewerkschaft „Solidarność" sprachen damals von der Trennung in „wir" – die Gesellschaft – und „die anderen" – die von der Sowjetunion aufgezwungene kommunistische Herrschaft. In der Vorstellung von einer guten Gesellschaft und einer bösen Elite klangen Echos mit, die heute als populistisch angesehen werden. Für die polni-

---

[1] Der Text stützt sich auf eine Durchsicht von Presse und Internet und basiert auf einem Bericht, den Łukasz Bertram, Adam Puchejda und Karolina Wigura sowie das Obserwatorium Debaty Publicznej Kultury Liberalnej (Observatorium für Öffentliche Debatten der Kultura Liberalna) für das Büro des Ombudsmanns für Bürgerrechtsfragen vorbereitet haben. Er trägt den Titel „Negatywny obraz muzułmanów w polskiej prasie" (Das negative Bild der Muslime in der polnischen Presse; Online: https://www.rpo.gov.pl/sites/default/files/Raport%20Negatywny%20obraz%20muzu%C5%82man%C3%B3w%20w%20polskiej%20prasie.%20Analiza%20wybranych%20przyk%C5%82ad%C3%B3w%20z%20lat%202015-2016.pdf)

sche Bevölkerung hat diese Sicht der Wirklichkeit allerdings eine lange Geschichte. Vielleicht haben deshalb in den letzten fast 30 Jahren duale Spaltungen eine so zentrale Rolle in der polnischen Öffentlichkeit gespielt.

Die Polarisierung in Polen ist allerdings schwankend und vielgestaltig. Heute ist es anachronistisch, von einander gegenüberstehenden Lagern der Opposition und der Kommunisten zu sprechen. Sie sind de facto durch die beiden Lager ersetzt worden, in die die alte „Solidarność" zerfallen ist. Das erste, liberal-konservative, wird oft mit der vorherigen Regierungspartei gleichgesetzt, also mit Donald Tusks Bürgerplattform (Platforma Obywatelska, PO). Das andere, national-konservative, schart sich derzeit um die regierende Partei Recht und Gerechtigkeit (Prawo i Sprawiedliwość, PiS) von Jarosław Kaczyński. Die Vertreter des ersten Lagers betonen die liberalen Aspekte unseres staatlichen Systems und kritisieren die Einstellung der PiS zum Rechtsstaat und zur Verfassung, außerdem sprechen sie sich für eine entschiedene Trennung von Staat und Kirche, für eine liberalere Familienpolitik und eine stärkere Integration in die EU aus. Die Vertreter des anderen Lagers hingegen verlangen eine größere Präsenz der Religion im öffentlichen Raum und einen größeren Konservatismus in sittlicher Hinsicht, sie heben die Bedeutung nationaler Werte hervor und kritisieren die ihrer Ansicht nach zu weit gehende Einbindung in die europäischen Strukturen.

Diese Spaltung entbehrt jeglicher Nuancen. Seit vielen Jahren wird die jeweils andere Seite völlig klischeehaft gesehen. Die Liberalen nennen die Konservativen „Paranoiker" und „autoritäre Persönlichkeiten", während die Vertreter der liberalen Seite als „Verschacherer der Republik" oder „seelenlose Neoliberale" bezeichnet werden. Angesichts dessen braucht man sich nicht zu wundern, dass diese Spaltung die Grundlage für die Selbst-Definition von Gruppen und Individuen im politischen und ideologischen Geschehen ist und fast jede politische oder internationale Krise durch diese Brille gesehen wird. Anstatt gemeinsam nach einem Ausweg aus der Lage zu suchen, sind die meisten politischen Akteure antagonistisch eingestellt und passen ihre Äußerungen der Seite an, der sie sich zugehörig fühlen. Genau dasselbe ist mit der Flüchtlingskrise geschehen. Die Diskussion hierüber begann in Polen im Frühherbst

2015. Wenige Wochen genügten, bis sie im Schatten der polarisierten öffentlichen Debatte in Polen stand. Die Medien und die Politiker griffen das Thema umso lieber auf, als Ende Oktober des Jahres Parlamentswahlen stattfanden und die Frage der Aufnahme oder Nicht-Aufnahme von Flüchtlingen von heute auf morgen zu einem wichtigen Bestandteil der polnischen Zukunftsperspektive für die nächsten Jahre wurde.

Das Paket negativen Denkens über Fremde

„Die Cholera auf den griechischen Inseln, Ruhr in Wien, verschiedene Parasiten, Urtierchen, die in den Organismen dieser Menschen ungefährlich sind, können hier gefährlich sein", sagte der PiS-Vorsitzende Jarosław Kaczyński bei einer Wahlkampfveranstaltung Mitte Oktober 2015. Das ist nur eines von vielen Beispielen für Äußerungen, die man in jenem Herbst von rechten Politikern hören und in rechten Medien in Polen lesen konnte. In dieser Debatte wurden einige Ausdrücke, die keine Synonyme sind, wechselweise verwendet. Es handelte sich um Bezeichnungen wie Moslems, Araber, Migranten oder Flüchtlinge. Offenkundig wurden diese Ausdrücke genauso gleichgesetzt wie etwa Terrorismus, Terrorist, Islamist, Fundamentalist usw. Dies geschah, ohne die jeweiligen Umstände, die ethnische und religiöse Zusammensetzung sowie das Wissen etwa über den Bildungsstand der nach Europa kommenden Gruppen von Immigranten und Flüchtlingen ausreichend zu berücksichtigen.

Dieses verschwommene Bild von den Moslems wurde vor den Wahlen zu einem handlichen Werkzeug. Es wurde nicht nur verwendet, um Leser und Wähler zu mobilisieren, sondern auch, um die einmal ausgelösten Emotionen auf ganz andere Fragen zu übertragen, etwa auf Entscheidungsmechanismen in der Europäischen Union, auf den westlichen Lebensstil, liberale Werte usw. Man kann dies mit dem polnischen analytischen Philosophen Tadeusz Ciecierski als „Paketdenken" bezeichnen. Es beruht darauf, dass verschiedene im öffentlichen Raum existierende Ideen, Ansichten, Personen, Institutionen usw. ohne objektive und inhaltliche Grundlage miteinander verbunden werden. In diesem Fall hatte das bezeichnende Konsequenzen. Die Teilnehmer an der öffentlichen Debatte griffen immer öfter auf fertige Wortkombinationen, Argumentationen und Bilder von den Geflüchteten zurück. Unterschiedliche Elemente vereinten sich hier und riefen überraschende Assoziationen hervor, obwohl sie kaum etwas miteinander zu tun hatten.

Der Flüchtlings-Tsunami und der sexuelle Dschihad

Und so schrieb und sprach man von einer Welle, einer Invasion, einer Flut von Flüchtlingen aus Ländern, wo Moslems die Mehrheit ausmachen. „Es sind Eroberer, keine Flüchtlinge" – lautete ein Titel der rechten Wochenzeitschrift „Do Rzeczy", und eine satirische Zeichnung in der Tageszeitung „Rzeczpospolita" zeigte ein mit Flüchtlingen angefülltes trojanisches Pferd. In diesem Krieg, hieß es, würden drei Arten von Waffen verwendet. Erstens – am sichtbarsten – Terrorakte. Zweitens die Demographie. In diesem Zusammenhang wurde von der sexuellen Unzucht der Geflüchteten geschrieben, von „hitzigen jungen Männern, die ihren Samen ausbringen" oder massenhaft Europäerinnen vergewaltigen.

> Die Flüchtlinge wurden als Menge mit einer großen Erwartungshaltung dargestellt, die nach den europäischen (vor allem deutschen) sozialen Wohltaten greifen.

Auch die Frauen hatten angeblich ihre Waffen. „Wenn wir die Dinge nicht selbst in die Hand nehmen", schrieb ein katholischer Journalist, „werden uns die Moslems besiegen. Und zwar nicht mit Hilfe von Terrorismus, sondern mit den Gebärmüttern ihrer Frauen." Das war also die Vorstellung von einem „sexuellen Dschihad". Die dritte Art von Waffe gehörte zum Repertoire des „sozialen Dschihads". Die Flüchtlinge wurden als Menge mit einer großen Erwartungshaltung dargestellt, die nach den europäischen (vor allem deutschen) sozialen Wohltaten greifen.

Das so verstandene negative Denkpaket über die Moslems wurde von einem höchst kritischen Bild Westeuropas ergänzt. Es wurde als ein Ort beschrieben, an dem der sträfliche Fehler begangen worden war, die so genannte „Ideologie des Multikulturalismus" zu verbreiten. Dabei hatte der Multikulturalismus in der Presse keine präzise Definition. Er war eher ein Schlagwort, das eine Reihe als negativ angesehener Dinge zusammenfasste. Dazu gehörten nicht nur Terroranschläge oder eine erfolglose bzw. misslungene Integrationspolitik, sondern auch der angebliche Niedergang der Nationalstaaten, die Schwächung der so genannten traditionellen Familie sowie der christlichen Moral. Alles dies zusammen sollte die „selbstmörderische" oder „wahnsinnige" Haltung der europäischen Eliten belegen, die das Leben und die Gesundheit ihrer nationalen Gesellschaften gefährdeten und angeblich Terror-Attentäter rechtfertigten. „Nun steht Deutschland vor dem nächsten Trugbild", schrieb ein Journalist. „Trotz der gescheiterten Multikulti-Politik verordnet Angela

Merkel den Deutschen neue Immigrantenscharen. Das ist so, als wollte man einen Kater mit Wodka behandeln."

Gibt es ein positives Flüchtlingsbild?

Die liberalen Medien kritisierten die Radikalisierung der rechten Medien, wobei sie sich nicht selten selbst radikal äußerten. Man konnte aber auch ausgewogene und emotionslose Texte finden, die über die Lage von Flüchtlingen oder Zuwanderern aus islamischen Ländern berichteten.

Außerdem tauchten durch eine „Übernahme der Begriffe" auch in der liberalen Presse negative Inhalte auf. Da zum Beispiel in den Massenmedien ausgesprochen häufig die Metapher von der Flüchtlingswelle zu lesen war (oder von einem Ansturm die Rede war, einer Flut oder gar von einem Tsunami), ließen sich auch in liberalen Medien Ausdrücke wie „Ansturm" oder „Welle" finden, oft mit einer Vorstellung von den Zuwanderern als „ungehobeltes Element" oder „Naturkatastrophe".

Es ist schwer zu sagen, ob dem negativen Gedankenpaket über die Moslems überhaupt ein „positives Paket" gegenübergestellt wurde. Die rechten Politiker und Journalisten wurden von der liberalen Seite kritisiert, doch präsentierte man nicht viele positive Beispiele für die Integration von muslimischer Bevölkerung. Dadurch konnten sich die gesellschaftlichen Ängste noch verstärken.

Was weiter?

Über Flüchtlinge und Islam ist in den letzten Jahren in Polen viel Radikales gesagt und geschrieben worden. Es ist zwar schwer, direkte Kausalzusammenhänge zu belegen, doch muss man festhalten, zu welcher Veränderung es bei den Meinungsumfragen gekommen ist. Innerhalb weniger Jahre sind die Araber in Polen zu einer der unbeliebtesten ethnischen Gruppen geworden. Gegenwärtig äußern 67 Prozent der Befragten Abneigung ihnen gegenüber, was 21 Prozentpunkte mehr sind als bei einer analogen Befragung vor sechs Jahren. Sympathie gegenüber Arabern äußern gerade einmal 8 Prozent der Befragten. Auch der Prozentanteil von Menschen, die eine Aufnahme von Flüchtlingen aus arabischen Ländern ablehnen, ist hoch (57 Prozent).

Innerhalb weniger Jahre sind die Araber in Polen zu einer der unbeliebtesten ethnischen Gruppen geworden.

Kaum weniger scharfe Äußerungen gab es zwischen den beiden grundlegenden weltanschaulichen Lagern in Polen, dem liberalen und dem konservativen, die die Zuwanderungspolitik des Staates diametral unterschiedlich sehen.

Die Polarisierung der Debatte hat dazu geführt, dass man keine längerfristigen Schlüsse ziehen kann. Personen aus dem national-konservativen Lager haben sich fast automatisch der Kritik des Islam und Westeuropas angeschlossen. Die Liberalen hingegen verteidigten diese beiden Fragen. Man machte sich keine Gedanken darüber, dass es in Polen in den letzten 30 Jahren zu einem Wandel gekommen ist, durch den das Land für Zuwanderer immer attraktiver wurde. Anders gesagt: Die Polen sollten ernsthaft darüber nachdenken, welches Einwanderungsmodell sie in ihrem Land haben wollen. Es mangelte auch an ernstgemeinten Fragen nach der Natur des Islam, nach seiner Differenzierung, nach dem Sinn der Vorschläge, den Islam an die europäischen Werte anzupassen usw. Dadurch gerieten die Liberalen in eine gedankliche Zwickmühle, da sie den Islam in Europa vollständig verteidigten, anstatt zwischen seinen liberaleren und seinen traditionalistischeren Strömungen zu unterscheiden. Aus allen diesen Gründen war die Debatte über die Flüchtlingskrise, auch wenn sie in ihrer Form radikal war, inhaltlich folgenlos. Und so kann sie bei der nächsten Gelegenheit, etwa bei den Parlamentswahlen 2019, wieder zu einem polemischen Werkzeug werden, anstatt eine Rolle in der wichtigen Diskussion über die Zukunft des Landes zu spielen.

Aus dem Polnischen übersetzt von Peter Oliver Loew.

Stephan Ozsváth

Muslime als Spielball der Politik in Ungarn?
Das schleichende Gift des Hasses

> *Stephan Ozsváth war bis 2017 ARD-Hörfunk-Korrespondent im Studio Südosteuropa/Wien. Er beobachtet Ungarn seit vielen Jahren als Journalist. Zuletzt veröffentlichte er das Buch „Puszta-Populismus. Viktor Orbán – ein europäischer Störfall?"*

Schon zu Zeiten der Landnahme im 9. Jahrhundert kamen Muslime ins Karpatenbecken, erst recht nach der Schlacht von Mohács 1526, die mehr als 150 Jahre Türkenherrschaft in Ungarn besiegelte. Heute leben nur noch einige tausend Muslime in dem Land: gebürtige Ungarn, Konvertierte, aber auch schon zu Ostblockzeiten Zugewanderte sowie Studenten und Flüchtlinge aus islamischen Ländern. Premier Viktor Orbán verhält sich ihnen gegenüber janusköpfig: Arabische Banker und Studenten umgarnt er, Flüchtlinge aus islamischen Ländern will er nicht haben. Die muslimischen Verbände beklagen die anti-islamische Rhetorik der Regierung, die das Klima nachhaltig vergiftet.

Anfang 2017, eine schmucklose Halle der HungExpo in der ungarischen Hauptstadt. Der Ort hat den Charme einer Turnhalle, Angehörige müssen hinter Flatterband stehen, vor den 532 frischgebackenen Grenzschützern haben sich Politiker aufgebaut. Blaue Uniformen, weinrotes Schiffchen auf dem Kopf, so harren die Rekruten aus, bis Viktor Orbán ihnen einen „Guten Morgen" zuruft, den Gruß beantworten sie brüllend mit „Kraft und Gesundheit". Das uniformierte Orchester spielt in getragenem Tempo die Nationalhymne, in der Gott angefleht wird, sein schützendes Schwert über die Ungarn zu halten. Dann kommt der Befehl: „Kappen runter". Die Schiffchen verschwinden von den Köpfen, die Finger erheben sich zum Schwur. Die Grenzschützer sind die ersten von 3.000 neuen Wächtern über die 175 Kilometer lange Grenze, die die Regierung im Jahr der Flüchtlingskrise 2015 errichten ließ. „Sie werden Europa verteidigen, wie wir das schon seit 500 Jahren tun", richtet sich der Premier an die Beschützer der EU-Außengrenze. Dieses Motiv vom (christlichen) „Grenzwächter Europas" gegen eine islamische Bedrohung wird Viktor Orbán künftig beständig wiederholen, zuletzt auch auf der CSU-Klausurtagung in Bad Seeon Anfang 2018.

Islam – die Religion des Feindes

Der ungarische Premier greift tief ins kollektive Gedächtnis der Ungarn, um einen mittelalterlichen Mythos zu beleben. In Ungarn ist ein Gedicht von Bálint Balassi populär, das Lob der Grenzhüter, die „unter Einsatz ihres Lebens die Türkenscharen abwehren", schreibt der Schriftsteller György Dalos in seinem historischen Lesebuch *Ungarn in der Nußschale*. Jedes Kind liest in der Schule die „Sterne von Eger", in dem Autor Géza Gárdonyi den heldenhaften Kampf der zahlenmäßig unterlegenen Burgbesatzung von Eger gegen eine überlegene osmanische Streitmacht beschreibt. „Heißes Wasser auf ihre Glatzköpfe" – den Schlachtruf der auf den Zinnen gegen die Türken kämpfenden und im Roman zu Co-Helden verklärten Frauen – kennt jedes Kind in Ungarn. Im Bewusstsein der Ungarn ist der Islam „die Religion des Feindes", sagt Zoltán Szabolcs Sulok, Präsident der *Muslimischen Religionsgemeinschaft Ungarns* – einem der beiden Dachverbände in Ungarn.

Eine Gedenkstätte im südungarischen Mohács erinnert an die Schlacht von 1526, die den Beginn von mehr als 150jähriger Türkenherrschaft besiegelte. „Nach Mohács und indem das Osmanische Reich an Macht gewann", sagt Sulok, der im Nahen Osten, aber auch an der Online-Universität von Medina die Religion studiert hat, „breitete sich auch der Islam wieder in Ungarn aus". Dabei war er schon seit dem 10. Jahrhundert präsent gewesen. Muslimische Stämme waren bei der Landnahme mit ins Karpatenbecken gekommen, davon berichtet die Chronik *Gesta Hungarorum*. Von ihrer Existenz zeugen heute noch Ortsnamen wie Hajdúböszörmény, hinter denen sich die „Bessermenen" verbergen. Auch die Türkenherrschaft hat Spuren hinterlassen: Die Bäder, einige Minarette, das Grabmal des Gül Baba in Buda, Wörter wie „Oroszlán" (Löwe) oder

Zoltán Szabolcs Sulok (Foto: Autor)

„Alma" (Apfel), die auf die türkischen Wörter „Arslan" und „Elma" zurück gehen, selbst ein „Hungaricum" wie Paprika ist über das Osmanische Reich einst nach Ungarn gekommen.

Bereits im 11. Jahrhundert werden aber anti-muslimische Gesetze erlassen. König Koloman verfügt, dass muslimische Gemeinden für Kirchenbauten aufkommen müssen, und zwingt die „Ismaeliten" – wie die Muslime genannt werden –, Schweinefleisch zu essen und dieses auch ihren Gästen vorzusetzen. „Es gibt eine lange muslimische Geschichte", fasst der Vorsitzende der *Muslimischen Religionsgemeinschaft Ungarns* zusammen, „aber kaum Muslime in Ungarn." Bei der Volkszählung von 2011 bezeichneten sich 5.579 Menschen als Muslime, die meisten davon Ungarn, außerdem im Land lebende Araber und Türken, aber Sulok geht von mehr aus – auch durch die Flüchtlingskrise, allerdings leben derzeit laut offizieller Statistik keine 3.000 Flüchtlinge in Ungarn. Weil die Habsburger-Monarchie Bosnien annektierte, wurde der Islam auch in Ungarn 1916 als Religion staatlich anerkannt. Die Regierung Orbán versuchte das mit einer Verfassungsänderung 2011 zu ändern, scheiterte aber am Widerstand der EU. „Rechtlich ist alles in Ordnung", sagt Sulok, der Staat unterstütze etwa den fakultativen Religionsunterricht. „Aber ...", fährt er fort und kommt auf die Kampagnen der Regierung seit der Flüchtlingskrise 2015 zu sprechen.

Muslime als Sündenbock

„Das Problem ist die Rhetorik führender Politiker", beklagt Sulok in seinem Büro im ersten Stock eines ehemaligen Bürohauses in der Fehérvári út in Buda, einer schmucklosen Straße, die stadtauswärts führt. Die Eingänge sind mit Kameras gesichert, am Empfang sitzt ein junger Araber, der sich kaum verständigen kann. „Budapest Mecset" – „Budapester Moschee" steht in grünen Buchstaben auf weißem Grund an der Wand. Treppen führen zu einem großen Gebetsraum, der mit Teppichen ausgelegt ist. Daneben schließt Suloks Büro an, Gäste müssen die Schuhe ausziehen und auf Socken über den blau-grauen Teppichboden schlurfen, in einer Ecke liegen Schlafsäcke. Der 48jährige Sulok ist vor einem Vierteljahrhundert zum Islam gekommen, erzählt er, hat Antworten auf seine Fragen gesucht: „Wer bin ich? Wo gehe ich hin? Was soll ich hier? Ich habe im Islam darauf Antworten gefunden", sagt der Mann mit dem Lincoln-Bart und der Ray-Ban-Brille, der eigentlich Wirtschaft studiert hat. „Wir sind alle Adams Kinder", betont er.

Anti-islamische Rhetorik

In den letzten drei Jahren wurde Ministerpräsident Viktor Orbán nicht müde, immer wieder zu betonen, dass die Ungarn eine „besondere Rasse" seien, dass „der Islam nie zu Europa gehörte, sondern er kam herein". In seiner Regierungserklärung zum Jahresbeginn 2018 türmte der Regierungschef ein bedrohliches Szenario vor seinen Zuhörern auf: „Europas schlimmste Alpträume" würden wahr, die meisten Zuwanderer kämen „aus der islamischen Welt". Die „islamische Zivilisation", deren „Berufung" immer auch die Eroberung Europas gewesen sei, werde in Zukunft „nicht nur im Süden, sondern auch im Westen an die Türen Mitteleuropas klopfen." Ungarn sei das „letzte westliche Land der Christenheit", so Orbán, auch die orthodoxen Glaubensbrüder in Serbien, Rumänien und Bulgarien machten ihre Sache gut. Aber vor allem der Zaun und die verschärften Gesetze in Ungarn verhinderten, „dass die islamische Welt uns von Süden überrennt". So schickt der ungarische Premier seine Zuhörer in eine innere Welt voll Pulverdampf und Pfeilhagel. Das Christentum sei „Europas letzte Hoffnung", resümierte er auf einem Treffen der Christlich-Demokratischen Internationalen in Budapest im Februar 2018. Die EU, die Vereinten Nationen, Deutschland und Frankreich hätten dagegen „die Schleusen zum Untergang der christlichen Kultur und der Ausbreitung des Islam" geöffnet. Seine eigene Rolle sieht er als „Grenzwächter", als Bollwerk gegen den Islam. Er imaginiert eine Art neuer „Reconquista", eine christliche Rückeroberung Europas – Töne, die man sonst von Neu-Rechten wie den Identitären hört.

Wahlkampf-Schlager Islam

Seinen Ungarn macht Orbán seit Jahren Angst mit Plakaten und Anzeigen in regierungsnahen Medien, die (islamische) Flüchtlinge mit Terroristen in einen Topf werfen. Den ungarischen Muslim Sulok ärgert das. „Nicht jeder Migrant ist Muslim", dekonstruiert er die Regierungspropaganda, „in der osmanischen Zeit rückten Armeen vor." Heute dagegen seien es Menschen, die eine Zukunft wollten und „nicht ihr Leben in einem türkischen Flüchtlingslager verstreichen lassen". Und was die Terroranschläge des IS angehe, meint er, „der Ku-Klux-Klan hat ja auch nichts mit dem Christentum zu tun", obwohl er das Kreuz als Symbol benutze. Der Muslimführer beklagt, dass durch die Kampagnen der Regierung viel „Luft aufgewirbelt worden sei", die Geister, die Orbán &

Co. gerufen haben, ließen sich aber nicht einfach wieder in die Flasche stopfen. Das Klima für Muslime sei rauer geworden. „Frauen mit Kopftuch werden auf der Straße angespuckt", erzählt er, „man reißt ihnen das Kopftuch herunter". Ungewöhnlich in einem Land, in dem die alten Frauen auf dem Land und junge Frauen in Trachtengruppen auch Kopftuch tragen. Zur Freiheit in Europa gehöre eben auch, meint der ungarische Muslim, „dass das Kopftuch genauso akzeptiert wird wie ein Piercing oder Tattoo, sich die Haare zu färben oder nackt herum zu laufen."
Im Wahlkampf versuchte die Regierungspartei Fidesz, die rechtsextreme Konkurrenz Jobbik auszubooten, indem sie deren Spitzenkandidaten Gábor Vona angriff. Er habe „seinen Schwur auf Allah abgelegt", wurde er in regierungsnahen Medien verunglimpft, weil er vor türkischen Studenten den Islam als „letzte Hoffnung der Konservativen" gepriesen hatte. Die zweite Dachorganisation der Muslime, die *Ungarische Islamische Gemeinschaft,* die sich am liebsten dem bosnischen Reis-ul-Ulema, dem obersten Würdenträger in Sarajevo, unterstellen würde und nicht einem kroatischen Oberhaupt wie jetzt, gab angesichts des schmutzigen Wahlkampfs eine – polemische – Pressemitteilung heraus: „Das Schüren von Hass gegen Muslime geht unverändert weiter", heißt es darin. Die ungarischen Muslime wüssten ja, dass Wahlkampf sei, aber „was hat eine Weltreligion und eine anerkannte Religionsgemeinschaft damit zu tun?" Der Verband bitte darum, nicht die „islamische Karte" zu spielen.

Die Saat des Hasses geht auf

Eine Studie der Friedrich-Ebert-Stiftung forderte vier Jahre vor der Flüchtlingskrise Beklemmendes zutage: Mehr als die Hälfte der Ungarn fand, dass es „zu viele Muslime" gebe. 600.000 Muslime lebten im Land, schätzten sie – und lagen mit ihrer „gefühlten Wahrheit" weit daneben. Passanten auf dem zentralen Deák-Platz in der Budapester Innenstadt sind geteilter Meinung. „Das ist ein christliches Land", sagt ein Regierungsanhänger. „Ich brauche hier keine muslimische Minderheit". Zwei junge Männer sind der Meinung: „Es gibt Religionsfreiheit." Die Christen seien ja auch in der Öffentlichkeit zu sehen. Deshalb: „Kein Problem mit denen". Es gebe ja auch „Chinesen, Schwarze, andere", meint ein Arbeiter auf einer Baustelle, „Hoffen wir, dass es mit denen keine Probleme gibt, von denen im Fernsehen berichtet wird". Das staatliche Fernsehen und andere regierungstreue Medien berichten ausführlich von Problemen mit Muslimen in Westeuropa: Terroranschläge,

Angriffe auf Frauen, die Übergriffe während der Silvesternacht 2016 in Köln.

Orbán umschmeichelt Muslime

Der Budapester Opernsänger László Ágoston machte 2016 einen Test: Er veröffentlichte auf seiner Facebook-Seite – ohne den Urheber zu nennen – folgendes Zitat: „Besonders hoch sollte der Islam, die zivilisatorische Wurzel der Muslime und Araber geschätzt werden. Man müsste den Koran neu lesen. Würden unsere Banker die Vorschriften der Scharia kennen, wären wir schon viel weiter." Der junge Sänger investierte ein paar Euro, um gezielt Orbán-Fans über Facebook anzusprechen. Mit Erfolg. Schon bald setzte ein Shitstorm ein. Ob er verrückt sei, beschimpften sie den Sänger in dem sozialen Netzwerk. Doch der hatte nur dem Regierungschef eine Plattform geboten. Das Zitat stammte von Viktor Orbán selbst. Im Budapester „Hilton"-Hotel hatte er auf einer Tagung arabischer Banker gesprochen. Auch mit Pässen für Araber, Chinesen und Russen war die Regierung sehr freigebig. Für 360.000 Euro konnten diese sich ein ungarisches Reisedokument – und damit Zugang zum Schengenraum – kaufen.

Hasspegel senken

„Im Islam ist nur eins wichtig", sagt Moschee-Vorsteher Sulok, „die Taten des Menschen." Der Islam gehöre seit dem Jahr 711 zu Europa, Al-Andalus stehe auch für eine kulturelle Blütezeit. „Insofern kann man nicht nur von christlich-jüdischer Kultur sprechen", sagt Sulok, sondern von christlich-jüdisch-muslimischer Kultur. „Diese drei Kulturen prägten Europa", sagt er. Überall haben Muslime ihre Spuren hinterlassen, auch in Ungarn. In der Budapester Moschee liegen Flyer aus, die für eine Stadtführung unter islamischen Vorzeichen werben. Zoltán Szabolcs Sulok fordert, exponierte Vertreter des Staates müssten sich öffentlich auch positiv äußern. Das könne dazu führen, dass „in den Medien nicht nur ein Lied gespielt wird". Nur so könne der „Hasspegel" wieder sinken. König Stephan der Heilige hatte in seinem Testament seinen Sohn ermahnt, Fremde zu achten. „Ein Land, das nur einerlei Sprache und einerlei Sitten hat, ist schwach und gebrechlich", so die Weisheit des ungarischen Staatsgründers, Fremde seien von Nutzen. Seine „heilige rechte" Hand ist in der Budapester St.-Stephans-Basilika als Reliquie hinter Glas zu bestaunen.

Michel Younès

Eine Realität in vielen Formen – der Islam in Frankreich

Prof. Dr. Michel Younès ist Professor für Theologie an der Université Catholique de Lyon (Forschungsschwerpunkte: Vergleichende Theologie, Islamologie, islamisch-christlicher Dialog).

Der Islam hat in Frankreich eine lange, im Kolonialzeitalter beginnende Geschichte. In den letzten Jahrzehnten haben sich, wie der folgende Beitrag skizziert, die verschiedenen muslimischen Gemeinschaften durch externe Einflüsse verändert und z. T. radikalisiert, was für die französische Gesellschaft mit großen Herausforderungen verbunden ist.

Wenn man vom Islam in Frankreich oder der muslimischen Gemeinschaft spricht, riskiert man, deren vielfältige Gestaltungsformen zu vergessen. Festzuhalten gilt, dass „dieser Islam" oder „diese Gemeinschaft" aus vielerlei verschiedenen Strukturen besteht. Der mehrheitlich sunnitische Islam in Frankreich verfügt weder über ein allgemein anerkanntes Lehramt noch über eine klare Hierarchie – diese grundlegende Tatsache muss man sich vor Augen halten. Wenn im folgenden Beitrag der Einfachheit halber von „Islam" die Rede ist, muss man streng genommen den Plural „Islame" im Hinterkopf haben.

Offiziell ist es in Frankreich untersagt, Statistiken hinsichtlich religiöser oder ethnischer Zusammensetzung der Bevölkerung zu erstellen, daher haben die folgenden Zahlen nur begrenzten Aussagewert. Die Zahl der Muslime in Frankreich wird auf 5,7 Millionen Menschen geschätzt, was ungefähr 8,8 Prozent der Gesamtbevölkerung entspricht.[1] Nach einer Studie des Montaigne-Instituts vom September 2016 bezeichnen sich 5,5 Prozent der Bevölkerung im Alter von über 15 Jahren als Muslime. 15 Prozent der Schüler, die mindestens einen muslimischen Elternanteil haben, bezeichnen sich selbst als Nichtmuslime –

---

1 Pew Research Center, 29.11.2017: http://www.pewresearch.org/fact-tank/2017/11/29/5-facts-about-the-muslim-population-in-europe/

man muss also durchaus einen gewissen Anteil von Muslimen in Rechnung stellen, die Atheisten oder Agnostiker geworden sind.[2] Sicher gibt es auch etliche Muslime, die den Glauben de facto nicht mehr praktizieren. Einige stehen noch in loser Verbindung mit ihrer traditionell gläubigen Familie, andere hingegen sind nach einer Zeit der Lockerung zur strengeren Glaubenspraxis zurückgekehrt. All dies zeigt, dass ein Familienname oder das kulturelle Umfeld der Eltern nicht ausreichen, um die Realität des Islam in Frankreich hinreichend zu beschreiben: Neben die zahlreichen religiösen Strömungen tritt eine immer stärkere kulturelle Auffächerung. Es ist nicht ungewöhnlich, dass die Muslime auch Führungskräfte in Staat und Gesellschaft stellen, sogar höhere Beamte, Abgeordnete und Minister.

Der Islam in Frankreich lässt sich sowohl hinsichtlich der Struktur als auch hinsichtlich der Zahl nur schwer umreißen.

Historisch geprägte Vielfalt

Während zahlreiche europäische Länder vor allem von den jüngsten Migrationsströmen betroffen sind, die zu einem starken Ansteigen des muslimischen Bevölkerungsanteils geführt haben, hat Frankreich aus historischen Gründen zu einigen Ländern mit muslimischer Mehrheit eine längere Beziehung. Bevor man in Frankreich über algerische Muslime sprach, war Algerien ein französisches Departement, also ein integraler Teil der Republik. Nach dem Zweiten Weltkrieg und der Unabhängigkeit Algeriens im Jahre 1962 erstreckte sich die Anwesenheit von Muslimen in Frankreich hauptsächlich auf eingewanderte Arbeiter aus algerischen Dörfern, die vielfach Analphabeten waren. Mit der Familienzusammenführung im Jahr 1972 bildete sich dann eine starke muslimische Bevölkerung in Frankreich, die naturgemäß zu einer neuen Sichtweise auf die muslimische Realität im Land führte. Inzwischen strömen zahlreiche Muslime aus den ehemaligen französischen Kolonien des Maghreb und der Region südlich der Sahara nach Frankreich, vor allem nach Paris. Dies erklärt die Vielfalt der kulturellen Wurzeln von Muslimen etwa aus dem Senegal, aus Mali, Tschad oder anderen Ländern. Ebenso kommen Muslime aus den französischen Überseegebieten wie Mayotte oder den Komoren. Ein geringerer Teil der Zuwanderer stammt aus Albanien, der Türkei, dem Nahen oder Mittleren Osten.

---

2 Vgl. http://www.institutmontaigne.org/publications/un-islam-francais-est-possible

Eine Vielfalt auf der Suche nach Identität

Nach den „glorreichen 30 Jahren", einer Phase starken Wirtschaftswachstums zwischen 1945 und 1973, traf die aufkommende Massenarbeitslosigkeit vor allem gering qualifizierte Personen und verursachte eine verstärkte Ghetto-Bildung besonders bei Menschen mit kulturellem oder religiösem Hintergrund aus muslimischen Regionen. Die 1990er Jahre bildeten einen weiteren Wendepunkt, dessen Folgen bis heute spürbar sind.

Der Fall der Berliner Mauer 1989 und das Ende des Ost-West-Konflikts führte zu tiefgreifenden Änderungen nicht nur in der globalen Geopolitik, sondern auch in den Beziehungen zwischen den Religionen, vor allem im Blick auf den Islam. Die Unterstützung islamistischer Kämpfer in Afghanistan durch den Westen in den 1980er Jahren oder wirtschaftliche Verbindungen zu den reichen Golfstaaten begünstigten direkt oder indirekt die Entstehung salafistischer Strömungen in Frankreich. Der Salafismus zeichnet sich durch den Wunsch aus, zu den ruhmreichen Zeiten des ursprünglichen Islam zurückzukehren.[3]

Im Zusammenhang mit der Suche nach Identität erscheint der Islam in diesen Bewegungen als eine sichere Wertegrundlage zur Lösung aller Probleme, mit denen sich die Muslime auseinandersetzen müssen. Hinter solchen ideologischen Strömungen stehen z. B. Organisationen wie die 1928 in Ägypten gegründeten „Muslimbrüder", die Bewegung „Participation et spiritualité musulmane" („Vereinigung für Gerechtigkeit und Spiritualität") des Marokkaners Abdessalam Yassine und auch die Bewegung „Tabligh", die in Indien in den 1920er Jahren gegründet und seit den 1960er Jahren in Frankreich unter dem Namen „Foi et pratique" („Glaube und Praxis") verbreitet ist – all diesen Bewegungen ist gemeinsam, dass sie einen äußerst rigorosen Islam befürworten.

Diese Ideologien finden vor allem in den vernachlässigten Randzonen der Städte Zulauf. Überforderte Eltern sind hilflos, wenn sich ihre Kinder einem Islam strenger Observanz zuwenden – viele Jugendliche machen ihren Eltern wegen mangelnder muslimischer Lebenspraxis Vorwürfe und halten die französische Gesellschaft insgesamt für zu freizügig, moralisch verdorben und areligiös. Als Konsequenz daraus haben sich unter den jüngeren französischen Muslimen Gruppen gebildet, die dem gewaltbereiten Dschihadismus nahestehen. Der Krieg in

---

[3] Vgl. dazu Michel Younès (Hrsg.): Le fondamentalisme islamique. Décryptage d'une logique. Paris 2016.

Syrien und im Irak war für viele junge Menschen eine willkommene Gelegenheit, sich den dortigen Kämpfern anzuschließen und damit Organisationen wie Al-Qaida oder IS zu unterstützen. Die jüngsten Attentate auf französischem Boden haben die wachsende Kluft zwischen Muslimen und Nichtmuslimen in Frankreich erheblich verstärkt.

Ein Mosaik auf der Suche nach repräsentativer Vertretung

Nach mehreren Jahren Vorüberlegungen, Verzögerung und Irrwegen hat der Staat die Einrichtung des „Conseil français du culte musulman" organisiert. Dieser Rat soll der privilegierte und offizielle Ansprechpartner der Muslime für den französischen Staat sein. Nichtsdestoweniger wurden damit deutliche Grenzen erkennbar, denn das Ganze ist letztlich eine dem Wesen des sunnitischen Islam fremde Struktur – der sunnitische Islam kennt keine religiöse Hierarchie und keine von allen anerkannte Autorität, was sich besonders in der Vielfalt der Zugehörigkeiten zu Moscheen und Gebetsräumen zeigt. Da man bei der Wahl der Vertreter ziemlich mechanisch von der räumlichen Größe der Kultstäten ausging, unterscheidet sich die Zusammensetzung des Rates erheblich von der geschichtlich begründeten Wirklichkeit. Trotz der starken Präsenz der algerischen Gemeinschaft betonen marokkanische und türkische Gruppen ihre Rolle und erheben den Anspruch, innerhalb des Rates eine wichtige Rolle zu übernehmen.

Der Rat besteht inzwischen seit fast 15 Jahren und versucht, auf nationaler wie auf regionaler Ebene Anerkennung zu finden. Hier und da entstehen weitere Organisationen, Verbände und Vereinigungen, die zum Teil von den Konsulaten einiger Länder wie Algerien, Marokko und der Türkei unterstützt werden, andere werden von internationalen Organisationen gefördert, was auch Einfluss auf ihre ideologische Ausrichtung hat. Festzuhalten bleibt: Gegenwärtig kann man nicht eindeutig sagen, wer die Muslime Frankreichs wirklich repräsentiert. Die Antwort hängt von der Region und den jeweiligen lokalen Einflüssen ab.

Bisher ist es kaum gelungen, der Radikalisierung junger Muslime wirksam entgegen zu treten.

Parallel zu den Strukturen geht es auch um die Frage nach der Ausbildung der Geistlichen und Imame. Die Radikalisierung eines Teils der muslimischen Jugend ist mit bestimmten Predigern verbunden, die nicht nur im Internet, sondern auch in Gebetsräumen tätig sind. Die Situation ist folgende: Der Mangel an ausgebildeten Imamen führt dazu, dass Imame aus den Herkunftsländern angeworben und von dort entsprechend den jeweiligen lokalen Ressourcen nach Frankreich entsandt werden. Diese Imame aus Ländern, die sich kulturell von Frankreich unterscheiden, vergrößern jedoch die Kluft zur hiesigen Gesellschaft, da die Antworten, die sie geben, nicht mit den Erwartungen übereinstimmen. Ein weiteres Problem besteht darin, dass die Imame immer weniger in der Lage sind, sich auf Französisch auszudrücken, was vielfach bei Imamen aus der Türkei der Fall ist. Infolge ihrer Unkenntnis der Laizität als Grundprinzip des französischen Selbstverständnisses können sie die Fragen derjenigen jungen Muslime, die in der französischen Sprache und Gesellschaft verwurzelt sind, kaum oder gar nicht beantworten. Im Gegenzug dazu zieht der Einfluss von Imamen salafistischer Ausrichtung immer stärker junge Muslime an, da sie sie direkt in ihrer Sprache ansprechen.

Perspektiven der muslimischen Präsenz in Frankreich

Die Sichtbarkeit einiger Muslime in Frankreich im öffentlichen Raum und in privaten Unternehmen, aber auch ihre Forderung nach verstärkter Beteiligung im Bildungs-, Gesundheits- und generell im öffentlichen Leben führt letzten Endes zu einer Infragestellung des französischen Grundprinzips der Trennung von öffentlichem und privatem Sektor – und damit der Trennung von Religion und Staat. Damit stellt sich grundsätzlich die Frage, wie der Islam in seiner Beziehung zur französischen Gesellschaft neu definiert werden kann. Die Anwesenheit von Muslimen in einem letztlich doch von christlicher Tradition geprägtem Land hat auch viele Anhänger dieser Religion dazu gebracht, ihr Verhältnis zu den Juden und den Christen zu überdenken. Auf keinen Fall sollte der Islam in Frankreich auf „Bedrohung" reduziert werden, vielmehr muss die Auseinandersetzung mit ihm als Teil eines recht verstandenen Umgangs des Laizismus mit Religion verstanden werden.

Aus dem Französischen übersetzt von Christof Dahm.

Sofija A. Ragosina

Zwischen Anerkennung und Diskriminierung: Islam in Russland

> *Sofija A. Ragosina ist Dozentin an der Nationalen Forschungsuniversität „Höhere Wirtschaftsschule" in Moskau, geschäftsführende Sekretärin des Peer Review Journals „State, Religion and Church in Russia and Worldwide" (hrsg. v. d. Russ. Akademie für Nationalökonomie und Öffentliche Verwaltung) und Redakteurin bei Rossiya segodnja (Abteilung für ausländische Presse InoSMI).*

Der Islam zählt zu den traditionellen Religionen Russlands, die Zahl der Gläubigen nimmt ständig zu. Innerlich ist er jedoch zerstritten und wird von den meisten Nichtmuslimen aufgrund der jüngsten politischen Entwicklungen, die zu einer Radikalisierung vieler Muslime geführt haben, mit Misstrauen betrachtet. Vielfach muss man sogar, wie aus der nachfolgenden Übersicht deutlich wird, von offener Diskriminierung sprechen.

Gemäß der Zahl der Gläubigen ist der Islam in Russland nach dem Christentum die zweitgrößte Religion. Nach der Volkszählung aus dem Jahr 2010 ist die Zahl der traditionell muslimischen Völker (die Frage nach der Konfessionszugehörigkeit wurde nicht gestellt) auf 13 Millionen zu schätzen, was 9 Prozent der Gesamtbevölkerung ausmacht.[1] Ähnliche Angaben wurden vom Pew Research Center im Jahr 2017 angegeben, das die Größe der muslimischen Gemeinde in Russland auf 10 Prozent der Gesamtbevölkerung schätzte.[2] In verschiedenen rechten Gruppen und Bewegungen ist die reißerische Einschätzung verbreitet, dass der Anteil der Muslime bis zum Jahr 2050 30 Prozent überschreiten wird.[3]

---

1 Nach den Ergebnissen der gesamtrussischen Volkszählung. Vgl. Soobschtschenie Rosstata. In: Demoskop Weekly. Nr. 491-492, 19-31.12.2011. Quelle: http://www.demoscope.ru/weekly/2011/0491/perep01.php (letzter Zugriff: 25.07.2018).
2 Pew Research Center: Religious Belief and National Belonging in Central and Eastern Europe. 10.05.2017. Quelle: http://www.pewforum.org/2017/05/10/religious-belief-and-national-belonging-in-central-and-eastern-europe/ (letzter Zugriff: 15.07.2018).
3 Etwa: http://www.narodsobor.ru/events/demography/33348-chislo-musulman-v-mire-postoyanno-rastyot (letzter Zugriff: 25.07.2018).

Regionen und Hauptrichtungen

Als „traditionell muslimische" Regionen, d. h. Regionen, in denen sich mehr als 80 Prozent der Bevölkerung zum Islam bekennen, sind der Nordkaukasus (Karatschai-Tscherkessien, Kabardino-Balkarien, Tschetschenien, Dagestan, Inguschetien) und die Wolga-Ural-Region (Baschkirien, Tatarstan) zu nennen. Separat ist auf die Hauptstadtregionen Moskau und Sankt Petersburg zu verweisen, wo die Muslime eine bedeutende Bevölkerungsgruppe ausmachen. In Moskau wird mit einer halben bis zwei Millionen[4] und in Sankt Petersburg mit etwa einer Million Muslime gerechnet.[5] In den beiden Metropolen ergibt sich die Zunahme des muslimischen Bevölkerungsteils durch Zuwanderung aus den zentralasiatischen Republiken und durch Binnenmigration aus den Gebieten im Nordkaukasus. Der Anteil der muslimischen Bevölkerung wächst aber auch in Sibirien und im Fernen Osten Russlands.

In Moskau leben Schätzungen zufolge bis zu zwei Millionen Muslime.

Die Mehrheit der Muslime in Russland sind Sunniten. Unter den Aseris, Lesginen und Taten in Dagestan ist die Schia der Richtung der Zwölfer-Schia verbreitet, während in den Republiken des Nordostkaukasus Praktiken des Sufismus verbreitet sind. In Tschetschenien und Inguschetien sind die Sufiorden[6] von Naqschbandiya und Qadiriya aktiv, in Dagestan ist der von Schadhiliya verbreitet. Die Zugehörigkeit zu einem solchen Orden hat Einfluss auf die politische Machtverteilung in den Regionen. Auf diese Weise hat z. B. Said Effendi Tschirkejewski (oder al-Tschirkawi), der ein Scheich der Orden von Naqshbandîya und Schadhiliya war, eine wichtige Rolle im politischen Leben Dagestans gespielt. Die Zugehörigkeit zum Orden wurde als Weg angesehen, in die lokale Elite aufzusteigen. Im Jahr 2012 ist er durch einen Terroranschlag ums Leben gekommen.

---

4 Aleksej Malaschenko (Quelle: http://carnegie.ru/commentary/60764 (letzter Zugriff: 26.07.2018).

5 RIA Nowosti (Quelle: https://ria.ru/interview/20141003/1026731232.html (letzter Zugriff: 26.07.2018).

6 Mit Sufismus werden asketisch-spirituelle Strömungen im Islam bezeichnet, die in mancher Hinsicht der christlichen Mystik ähneln (Anm. d. Redaktion).

Die institutionelle Struktur der muslimischen Gemeinde in Russland

Die „Geistlichen Verwaltungen der Muslime" (DUM) bilden die institutionelle Grundstruktur der muslimischen Gemeinschaft. Diese Organisationen haben administrative Funktionen, leiten muslimische Bildungseinrichtungen und gehen karitativen oder bildungsbezogenen Tätigkeiten nach. Klassischerweise wird eine DUM von einem Mufti geleitet und untergliedert sich in Unterbezirke, sogenannte Muchtasibate. Jedes dieser Muchtasibate hat einen Imam an seiner Spitze und vereinigt mehrere Moscheegemeinden, welche im Fall des tatsächlichen Vorhandenseins einer Moschee von einem Imam, falls es aber keine Moschee gibt, vom Vorsitzenden der Gemeinde geleitet werden.[7] Aktuell existiert in fast allen Regionen Russlands eine muslimische Organisation. Es gibt auch überregionale Organisationen der DUM. Zurzeit bestehen drei ähnlich große überregionale Organisationen, die seit der Mitte der 1990er Jahren mit unterschiedlicher Intensivität um Einfluss auf der föderalen und der regionalen Ebene kämpfen:

- Die „Zentrale Geistliche Verwaltung der Muslime Russlands" (ZDUM) betont ihre Kontinuität zur ersten muslimischen Organisation in Russland, die im Jahr 1788 gegründet wurde. Die ZDUM beansprucht die Jurisdiktion für ganz Russland, de facto jedoch befinden sich in der Struktur der ZDUM 21 regionale DUMs in der Wolga-Ural-Region und drei „Repräsentanzen". Die ZDUM wird seit ihrer Gründung im Jahr 1992 ununterbrochen von Talgat Tadschuddin geleitet. Er ist bekannt für seine skandalösen „außenpolitischen" Erklärungen (z. B. die Erklärung eines Dschihad gegen die USA nach dem Beginn des Irakkriegs im Jahr 2003) und auch für seine Rhetorik in Richtung traditioneller Werte. Er positioniert sich als der Führer aller russischen Muslime und repräsentiert Russland auf verschiedenen internationalen muslimischen Foren.
- Im Jahr 1994 schied die „Geistliche Verwaltung der Muslime der zentraleuropäischen Region Russlands" aus der ZDUM aus und benannte sich 2014 in „Geistliche Verwaltung der Muslime der Russischen Föderation" (DUM RF) um. Sie erhebt ebenfalls den Anspruch, eine zentrale Institution der russischen Muslime zu sein.

---

7 https://www.sova-center.ru/religion/publications/2003/10/d1072/ (letzter Zugriff: 26.07.2018).

Seit ihrer Entstehung wird die DUM RF von Scheich Rawil Gainutdin geleitet. In seiner Rhetorik appelliert auch er aktiv an die „Traditionen des russischen Islam". Rawil Gainutdin steht außerdem an der Spitze des russischen Mufti-Rats, der vor allem für karitative und bildungsbezogene Projekte zuständig ist.

- Schließlich bildet das „Koordinationszentrums der Muslime des Nordkaukasus", das von Ismail Berdijew geleitet wird, das dritte „Machtzentrum" der russischen muslimischen Gemeinschaft. Berdijew zeigt keine mit Tadschuddin und Gainutdin vergleichbaren politischen Ambitionen. Im Jahr 2016 fanden seine Aussagen zur Unterstützung der Frauenbildung in Dagestan eine große gesellschaftliche Resonanz.

Institutionell ist die muslimische Gemeinschaft zersplittert, verhält sich aber insgesamt loyal gegenüber dem föderalen Gesamtstaat.

Gemeinsam ist diesen Organisationen die von ihren Vorsitzenden bezeugte loyale Haltung gegenüber der föderalen Macht, die sich vorwiegend auf zwei Aspekte konzentriert: Erstens sprechen sich fast alle muslimischen Führer für die Idee der Einheit der muslimischen Gemeinschaft aus. Am überzeugendsten erweist sich die von Rawil Gainutdin formulierte Idee von der Einheit der Muslime und der russischen Zivilisation auf der Basis der eurasischen Gemeinschaft. Zweitens wird die Spiritualität als besonders wichtiger politischer Wert herausgestellt: Zum Beispiel könne die neu erbaute Moskauer Hauptmoschee „sehr nützlich für die Stärkung der geistlichen und staatlichen Souveränität unseres Landes" sein.[8]

Islamophobie und Diskriminierung von Muslimen in Russland

Während in Europa und Nordamerika die Ereignisse des 11. Septembers 2001 zum Auslöser des Wachstums von Islamophobie wurden, übernahmen in Russland andere Ereignisse und Phänomene diese Rolle.

An erster Stelle sind es die Erinnerungen an den *Tschetschenienkrieg*. Das Feindbild wird von „ethnischen" und „religiösen" Elementen geprägt. Einerseits sind die Vorurteile gegen muslimische Tschetschenen, die den Krieg geführt haben, erhalten geblieben, andererseits wer-

---

8 Rawil Gainutdin in http://dumrf.ru/regions/77/speech/9735 (letzter Zugriff: 26.07.2018).

den die Anhänger des radikalen Islam im Kaukasus bis heute Wahhabiten genannt. Das Problem des „Wahhabismusexports" aus den Ländern des Persischen Golfs war in der Zeit der beiden Tschetschenienkriege besonders virulent. Allerdings hat sich die These über eine vermeintliche Zwangsläufigkeit der wahhabitischen Gefahr als sehr standhaft erwiesen, und bis heute berufen sich einzelne Experten, aber auch Repräsentanten des Establishments auf sie. Die Gefahr der Verbreitung des Islamischen Staats (IS) wurde mit der bereits vorhandenen Erwartung eines „äußeren islamischen Feinds" verbunden.

An zweiter Stelle spielt die *Migrantenphobie* eine wesentliche Rolle bei der Entstehung der Islamophobie. Die fremdenfeindliche Stimmung richtet sich sowohl gegen Wirtschaftsmigranten aus Zentralasien als auch gegen Migranten aus den Republiken des Nordkaukasus. Eine Eskalation der Migrantenphobie verband sich vor allem mit der Wahl des Moskauer Bürgermeisters im Jahr 2013.[9]

An dritter Stelle ist der *islamophobe Diskurs,* der von verschiedenen rechten Organisationen geführt wird, zu nennen. Eine separate Beachtung verdient die Rolle radikaler orthodoxer Bewegungen und einzelner Vertreter der orthodoxen Gemeinschaft, die aktiven Einfluss auf das, was Teil des öffentlichen Diskurses wird, ausüben. Eine dieser bekannten Personen ist Erzdiakon Andrei Kurajew, dem häufig Volksverhetzung vorgeworfen wird.

> *Islamophobe Strömungen gibt es vor allem im rechten politischen Milieu, vereinzelt aber auch in der orthodoxen Geistlichkeit.*

Das Problem des radikalen Islam

Das Problem der Radikalisierung des Islam zählt zu den wichtigsten aktuellen innenpolitischen Fragen. Sie ist an erster Stelle mit dem Nachklang des Tschetschenienkriegs verbunden, genauer gesagt mit der Formierung von Verbrecherbanden, die vor allem in den Bergregionen des Nordkaukasus fortwährend aktiv sind. Öffentlich bekannte Angaben über die Zahl festgenommener oder liquidierter Kämpfer gibt es nicht, was damit zusammenhängt, dass diese Fragen Teil des Aufgabenbereichs des Inlandsgeheimdiensts FSB sind. Deswegen erhält die Öffentlichkeit

---

9 Julija Galkina (http://www.the-village.ru/village/city/city-interview/264372-migrantofobia; letzter Zugriff: 26.07.2018).

nur begrenzt Informationen über die Operationen gegen diese bewaffneten radikalislamischen Gruppen.

Die Islamisten aus dem Nordkaukasus sind vorwiegend mit der Organisation „Kaukasus-Emirat" verbunden. Seit Anfang der 2010er Jahre ist ihre Tätigkeit zu einem Großteil in den virtuellen Medienraum abgewandert. Obwohl die Internetseite der Organisation „Kaukasuszentrum" und andere islamistische Quellen auf der Liste der verbotenen Quellen stehen und ständig blockiert werden, sind sie weiter abrufbar, da ihre Server sich auf dem Territorium anderer Länder befinden. Auch sind sie durch Anonymisierungsprogramme erreichbar.

Interessant ist die Position des „Kaukasus-Emirats" gegenüber dem IS. Obwohl einige Kriegsherren von Dagestan dem IS Treue geschworen haben, erkennen sie offiziell nur Al-Qaida als Führer des weltweiten Dschihad an und unterstützen im Syrien-Konflikt die mit Al-Qaida assoziierte Al-Nusra-Front. Im Jahr 2015 hat der Führer des Kaukasus-Emirats junge Menschen sogar davor gewarnt, in den Nahen Osten zu reisen.

In den letzten Jahren hat die Verbreitung radikaler Ideen in Gefängnissen an besonderer Aktualität gewonnen. In der Regel bilden sich „Gefängnisgemeinden" um Auswanderer aus dem Nordkaukasus, die auf verschiedene Weise mit der Tätigkeit islamistischer krimineller Gruppierungen oder radikal gesinnter Jugendlicher verbunden sind. Bis jetzt fehlen komplexe anthropologische und soziologische Studien zu diesem Problem; das bisherige Bild basiert lediglich auf einzelnen Experteneinschätzungen und journalistischen Interviews mit ehemaligen Häftlingen.

Der islamische Faktor in der Außenpolitik Russlands

Auf der internationalen Ebene bemüht sich Russland darum, Solidarität mit muslimischen Ländern zu demonstrieren, und betont seine besondere Einstellung ihnen gegenüber. Im Jahr 2005 trat Russland als Beobachter der „Organisation für Islamische Zusammenarbeit" bei. Seit dem Jahr 2006 ist Rawil Gainutdin Mitglied des „Weltverbands für die Annäherung der islamischen Denkschulen". Mehr als 40 russische Theologen gehören zur Internationalen Union Muslimischer Gelehrter.

Besondere Aufmerksamkeit hinsichtlich der Beeinflussung des öffentlichen Diskurses über islamische Fragen verdient das Oberhaupt Tschetscheniens, Ramsan Kadyrow. Die so genannte „Fatwa von Grosny", die auf einer theologischen Konferenz im August 2016 beschlossen wurde und „gute" von „schlechten" Muslimen abzugrenzen versuchte, erregte großes Aufsehen in der russischen muslimischen Gemeinde. Die „richtigsten" Muslime sind diesem Text zufolge die kaukasischen Nachfolger der Sufi-Bruderschaften.

Da es sich bei dem Treffen in Grosny um eine Konferenz von internationaler Bedeutung handelte, sollte sich die Gültigkeit dieser Fatwa auch weit über die Grenzen Tschetscheniens hinaus erstrecken, was von den führenden Ländern der muslimischen Welt entsprechend negativ aufgenommen wurde. Als exemplarisch kann man die Position von Ramsan Kadyrow hinsichtlich der Eskalation des Konflikts um die muslimischen Rohingya in Myanmar bezeichnen: Während die DUM nur eine bescheidene Erklärung verabschiedete, galt er durch die Organisation von Protesten mit tausenden Menschen im Zentrum von Grosny schnell als Hauptverteidiger der unterdrückten Muslime.

> *Großes Aufsehen innerhalb der russischen muslimischen Gemeinde erregte die so genannte „Fatwa von Grosny" vom August 2016, die „gute" von „schlechten" Muslimen abzugrenzen versuchte.*

Der russische Militäreinsatz in Syrien, der im September 2015 begann, hat in der muslimischen Welt große Uneinigkeit hervorgerufen. Die Tatsache, dass Russland auf der Seite von Baschar al-Assad, einem Vertreter der alewitischen Minderheit, und in Koalition mit dem schiitischen Iran aufgetreten ist, ruft Kritik oder zumindest Unverständnis der sunnitischen Mehrheit in der arabischen Welt hervor. Vertreter der DUM unterstützen die Position Russlands in der syrischen Frage vorbehaltlos und organisieren den Versand humanitärer Hilfe an die Opfer; es gibt aber gegenüber Russland in dieser Frage auch kritische Stimmen.

Aus dem Russischen übersetzt von Anna Kulke.

Jeanine Dağyeli

Ein Glaube, viele Gesichter: Islam in Zentralasien

> *Dr. Jeanine Dağyeli ist Zentralasienwissenschaftlerin und arbeitet als wissenschaftliche Mitarbeiterin am Leibniz-Zentrum Moderner Orient (ZMO) in Berlin. Sie stellte auch die Abbildung zur Verfügung.*

Die fünf zentralasiatischen ehemaligen Sowjetrepubliken Kasachstan, Kirgisistan, Tadschikistan, Turkmenistan und Usbekistan haben eine lange islamische Tradition, die wenig bekannt ist. Die Umbrüche der letzten knapp dreißig Jahre haben nicht nur zu einem Wiederaufleben des religiösen Lebens geführt, sondern auch zu innerislamischen Debatten um die richtige religiöse Praxis.

Von Zentralasien ist in Deutschland nicht oft die Rede. Trotz diverser Anstrengungen, sich als Tourismusziel und Wirtschaftsstandort zu etablieren, sind die fünf ehemals sowjetischen zentralasiatischen Staaten Kasachstan, Kirgisistan, Tadschikistan, Turkmenistan und Usbekistan weiterhin kaum bekannt. Wenn sie es doch einmal in die Nachrichten schaffen, dann in den letzten Jahren häufig im Zusammenhang mit Islamismus. Sicherheitsexperten warnten vor etlichen Jahren, junge zentralasiatische Männer seien in großer Zahl nach Syrien und Irak ausgereist, um sich dort dem so genannten Islamischen Staat (IS) anzuschließen, und leider wurden etliche der weltweit verübten islamistischen Anschläge von Zentralasiaten verübt. Gleichzeitig werden diesen fünf Republiken von Menschenrechtsorganisationen regelmäßig Verstöße gegen die Religionsfreiheit vorgeworfen; der Vorwurf, Islamist zu sein, wird tatsächlich häufig als Vorwand genutzt, um unliebsame Kritiker ins Gefängnis zu bringen. In der Selbstwahrnehmung und Außendarstellung preist Zentralasien dagegen in der Regel die Toleranz der einheimischen Religionsausübung, die stark vom Sufismus, der mystischen Strömung des Islam, geprägt ist.

In der Selbstwahrnehmung und Außendarstellung preist Zentralasien die Toleranz der einheimischen Religionsausübung, die stark vom Sufismus, der mystischen Strömung des Islam, geprägt ist.

Kasachstan, Kirgisistan, Tadschikistan, Turkmenistan und Usbekistan werden außerhalb der Region häufig als ein einheitlicher Block angesehen; eine Wahrnehmung, die sich auch in der leicht herablassenden Bezeichnung „die Stans" ausdrückt. Auch wenn diese Staaten eine gemeinsame sowjetische und eine lange gemeinsame Geschichte teilen, die sie unter anderem auch mit Afghanistan und der ujghurischen Region Xinjiang in Westchina verbindet, so sind diese Länder doch in den letzten 27 Jahren teils sehr unterschiedliche Wege gegangen, was sich auch in der Art und Weise, in der der Islam betrachtet und gelebt wird, niederschlägt. Um zu verstehen, was Islam heute für Menschen und Politik in der Region bedeutet, hilft es, sich die Umbrüche und Entwicklungen dieser letzten Jahrzehnte nach dem Zerfall der Sowjetunion und der Unabhängigkeit der fünf Republiken ansehen.

„Zwischen Marx und Muhammad"

So lautet der Titel eines 1995 erschienenen Buches des indischen Publizisten Dilip Hiro, der symbolisch die Situation in der Umbruchszeit einfing, in der Menschen zwischen einem quasi-religiösen Glauben an den Kommunismus und einer neuerwachenden Begeisterung für die eigene islamische Tradition changierten. Die wirtschaftliche Krise, in die viele Zentralasiaten stürzten, das ideologische Vakuum und eine fast blinde Bereitschaft, alle vermeintlichen Patentrezepte, die von außen kamen – seien es wirtschaftliche, politische, soziale oder religiöse –, als überlegen zu akzeptieren, waren symptomatisch für das Leben in jener Zeit.

Die Suche nach den prägenden Jahren für das heutige Verständnis von Religion und Religionsausübung in Zentralasien führt zurück in die Zeit von Gorbatschows Glasnost und Perestroika. Auch in den zentralasiatischen Sowjetrepubliken, die innerhalb der Sowjetunion als konservativ und besonders Moskau-hörig galten,

Nach Beginn der Perestroika gelangte erstmals seit etwa fünfzig Jahren wieder islamische Literatur nach Zentralasien.

war dies eine Zeit, in der bislang Unansprechbares gesagt werden konnte. Im Gegensatz zu den vorherrschenden, auch im Ausland wahrgenommenen Debatten über politische und wirtschaftliche Reformen drehte sich die teils heftige Diskussion in Zentralasien allerdings vorwiegend um den Zustand und die Rolle des eigenen kulturellen Erbes. Zum einen wurde über die kulturelle Hegemonie alles Russischen und die Entfremdung der Zentralasiaten von ihrer eigenen Tradition geklagt, darunter auch – zunächst noch nicht explizit angesprochen – vom Islam. Zum anderen wurden hier bereits die Brüche sichtbar, die zu den angespannten politischen Beziehungen der Länder Zentralasiens untereinander führen sollten. Gleichzeitig gelangte während der 1980er Jahre erstmals seit etwa fünfzig Jahren wieder islamische Literatur nach Zentralasien. Vieles davon kam unter der Hand ins Land; die Bücher und Schriften wurden von den wenigen Pilgern, denen die Haddsch nach Mekka genehmigt worden war, mitgebracht. Sie stammten überwiegend aus Saudi-Arabien und transportierten die dortige wahhabitische Doktrin beziehungsweise ihr nahestehende Auslegungen nach Zentralasien.

Ermutigt durch diese geistige Unterstützung und in einer merkwürdigen, unbeabsichtigten Allianz mit Politikern und Reformern begannen puristisch gesinnte Islamgelehrte besonders in Usbekistan, wo sich die meisten traditionellen Zentren islamischer Bildung in Zentralasien befinden, gegen „unislamische Praktiken" im so genannten Volksislam vorzugehen, Praktiken also, die von vielen Menschen in Zentralasien als islamisch angesehen wurden, dies aber in den Augen von Puristen nicht waren. Dazu gehörten und gehören bis heute unter anderem das Pilgern zu lokalen Heiligenschreinen, eine Reihe von Begräbnisritualen und Aussprechen von Fürbitten.

Ob beabsichtigt oder nicht, der Kampf gegen das vermeintlich Unislamische trifft besonders die Religionspraxis von Frauen. 1992 gelang es einer Gruppe von in Saudi-Arabien ausgebildeten Islamisten, die Stadtverwaltung der im Ferghana-Tal gelegenen Stadt Namangan (Usbekistan) zu besetzen und vom damaligen usbekischen Präsidenten Karimov die Ausrufung eines islamischen Staates zu verlangen. Dies setzte ein Fanal: In der Folge wurden dutzende ausländische Missionare, vor allem aus Saudi-Arabien und der Türkei, aus Usbekistan ausgewiesen, Usbekistan begann mit harter Hand gegen all diejenigen vorzugehen, die den Islam anders praktizierten, als von staatlicher Seite sanktioniert. In Tadschikistan war nach dem Bürgerkrieg (1991-1997) zunächst die Partei der Islamischen Wiedergeburt an der Regierung beteiligt, wurde aber unter Präsident Rahmon zunehmend von der Macht verdrängt. 2009 wurde ein repressives Religionsgesetz verabschiedet; Kindern ist zum Beispiel der Moscheebesuch untersagt.

In Usbekistan und Tadschikistan gehen die Regierungen mit harter Hand gegen radikalislamische Umtriebe vor.

„Den Freunden Gottes einen Besuch abstatten" – Heiligengräber zwischen Denkmal, Ort der geistlichen Stärkung und Streitfall

In Zentralasien existiert eine lange Tradition des Pilgerns zu lokalen Pilgerorten. Häufig handelt es sich bei diesen Orten um (vermeintliche) Gräber von Persönlichkeiten aus der Frühzeit des Islam, angesehenen Sufi-Meistern oder (semi-)legendären Figuren. Sprachlich wird ein klarer Unterschied zwischen der jedem gesunden, ausreichend vermögenden Muslim – Mann oder Frau – kanonisch vorgeschriebenen Pilgerreise nach Mekka, der Haddsch, und dem Pilgern zu lokalen Pilgerstätten gemacht. Letzteres wird respektvoll „Besuch" genannt. Bedeutende, über die Region hinaus bekannte Pilgerorte sind zum Beispiel in Buchara (Usbekistan) das Grab von Bahauddin Naqshband (14. Jahrhundert), auf den der weit verbreitete und einflussreiche Sufi-Orden der Naqshbandîya zurückgeht, in Turkestan (Kasachstan) das Grab von Ahmad Yasawi (12. Jahrhundert), Dichter und Sufi, auf den sich der Orden der Yasawiya zurückführt, oder in Osch (Kirgisistan) ein als „Thron Salomons" (Tachti Sulaymon) bezeichneter Hügel.

Nach orthodoxer Auffassung gibt es im Islam keine Heiligen, die als Fürsprecher zwischen Gott und dem einzelnen Menschen stehen würden. Die Verbindung zwischen Gott und dem Einzelnen ist direkt. Die oft der Einfachheit halber in westlicher Literatur als Heilige bezeichneten Persönlichkeiten werden in Zentralasien „Freunde Gottes" genannt. Sie gelten also als Menschen, die es durch Frömmigkeit, gute Taten und ähnliches geschafft haben, Gott besonders nahe zu kommen.

Aufgrund dieser Nähe erhoffen sich Pilger besonderes Gehör für ihre Anliegen, wenn sie diese an den Heiligengräbern vortragen und eventuell

Am Schrein von Bahauddin Naqshband in Buchara

Gelübde ablegen. Die Pilger kommen aus unterschiedlichen Beweggründen: mal geht es um einen unerfüllten Kinderwunsch, mal um einen

Krankheitsfall oder Streit in der Familie, mal um ein Dankgebet für eine bestandene Prüfung. An manchen Gräbern kann man anrührende Beispiele dieser Art von Bitten sehen, etwa in einem Mausoleum in Turkmenistan, in dessen Ecke etwa ein Dutzend winzige, selbstgemachte Babywiegen stehen. Zum Teil liegen kleine Püppchen darin, an die Wiegen ist die Bitte angebracht, Gott möge den Kinderwunsch erfüllen. Auf dem Grab selbst zeugen zahlreiche Kopftücher vom Besuch der Frauen, die mit ihrer Gabe den Heiligen an ihr Anliegen „erinnern" wollen. Es sind Praktiken wie diese, die sowohl reformorientierten als auch puristischen islamistischen Kräften ein Dorn im Auge sind. An vielen, vor allem größeren Pilgerorten in Usbekistan sind heute Tafeln angebracht, auf denen bestimmte Praktiken wie das Berühren und Küssen des Sarkophags – ein traditioneller Bestandteil des Pilgerns, bei dem die Segenskraft des Heiligen übertragen werden soll – verboten werden. Manche Sarkophage sind bereits durch Absperrvorrichtungen unzugänglich gemacht worden.

Obwohl sowohl Männer als auch Frauen pilgern, liegen die Sorge für die Familie inklusive des Seelenheils verstorbener Angehöriger sowie die Lösung von Konflikten im sozialen Umfeld traditionell im Zuständigkeitsbereich von Frauen. Das ist ein Grund dafür, dass in der Regel mehr Frauen als Männer an den Pilgerorten zu sehen sind und sich dort mit ihren Anliegen an Gott wenden. Da Frauen in Zentralasien im Unterschied zu anderen islamisch geprägten Ländern nicht zum gemeinsamen Gebet in die Moschee gehen, sind Pilgerorte darüber hinaus ein Bereich, in dem sie ihre Spiritualität in der Gruppe ausleben können. Zudem ist Pilgern ein gesellschaftlich anerkannter Grund, sich vorübergehend den familiären Verpflichtungen zu entziehen und eine Auszeit zu nehmen.

Was ist modern, was Tradition?

Häufig ist zu lesen, dass sich Zentralasien rückwärts orientiere und sich die Menschen mit ihrer Hinwendung zum Islam mehr der Vergangenheit als der Zukunft zuwenden würden. Tatsächlich scheint die Rückbesinnung auf den ersten Blick eindeutig: Jugendliche und junge Erwachsene in islamisch konnotierter Kleidung, neue Moscheen, ein boomender Markt für islamische Literatur. Doch scheinen Kategorien wie modern und traditionell anders belegt zu sein. In vielerlei Hinsicht ist es eigentlich der offizielle Diskurs, der die Vergangenheit und die oft nur vermeintlichen Werte der Vorfahren zum Maßstab der Gegenwart erheben möchte.

Unter gläubigen Muslimen in Zentralasien gibt es heute, vereinfacht gesprochen, zwei Richtungen. Die eine orientiert sich an dem traditionell in der Region gelebten Islam mit seiner sufischen Prägung, in dem die „Freunde Gottes", die Seelen der Verstorbenen und andere übernatürliche Wesen eine wichtige Rolle spielen. Die andere sieht sich eher einer globalen Auslegung und Praxis des Islam verbunden, wie sie über Medien, aber auch durch Arbeitsmigranten, die in Russland, der Türkei und den arabischen Emiraten arbeiten, zurückgespiegelt wird. Es ist kein Zufall, dass sich vor allem junge Menschen von diesen Ausrichtungen des Islam, die sie als modern empfinden, angezogen fühlen. In einer Gesellschaft, in der traditionell das Alter geschätzt wird und Autorität mit zunehmendem Alter steigt, erscheint der individualisierte, über das Internet vermittelte Islam modern und dem traditionellen der Älteren überlegen, deren Wissen zusätzlich mit dem Hinweis entwertet wird, sie hätten doch in der Sowjetzeit nichts über den Islam lernen können. Es ist dieser „neue" Islam, der den zentralasiatischen Regierungen potenziell gefährlich erscheint. Tatsächlich erhoffen sich manche Menschen etwas von ihm, das ihnen ihre Staaten bislang größtenteils nicht bieten: ein Leben in einer gerechten Gesellschaft, in der Bestechung, Vetternwirtschaft und Wucher nicht möglich sind.

Der Islam in Zentralasien ist einerseits traditionell geprägt, andererseits neigen viele jüngere Muslime modernen Formen zu, die den Regierungen potenziell als gefährlich erscheinen.

Amir Hasanović

Mein Leben als Muslim in Bosnien und Herzegowina

> Amir Hasanović ist Geschäftsführer des Vereins NARKO-NE für Suchtprävention und Gesundheitsförderung in Bosnien und Herzegowina. Seit mehr als 15 Jahren engagiert er sich im Aufbau der Zivilgesellschaft des Landes.

Bosnien und Herzegowina ist ein Land religiöser Vielfalt. Der Autor vermittelt Einblicke in die Strukturen der muslimischen Gemeinschaft und ihre besonderen Probleme. Darüber hinaus lässt er die Leserinnen und Leser an seinem persönlichen Glaubensweg teilhaben.

Einleitung

Bosnien und Herzegowina ist ein Land, in dem Menschen unterschiedlicher Religionszugehörigkeiten seit Jahrhunderten leben. Historische Ereignisse haben dazu beigetragen, dass diese Region heute vor allem von Christen (Katholiken und Orthodoxe) und Muslimen bewohnt wird.

Die Beziehungen zwischen den Religionen wirken sich auf die gesamte Gesellschaft von Bosnien und Herzegowina aus. Im Folgenden werde ich einige persönliche Erfahrungen und Überlegungen zum interreligiösen Verhältnis mitteilen, die vielleicht auch dazu beitragen können, Bosnien und Herzegowina als Beispiel für die Koexistenz und das Wohlergehen aller Menschen, unabhängig von ihrer religiösen oder ethnischen Zugehörigkeit, vorzustellen.

Nach der Volkszählung von 2014 leben 3,5 Millionen Menschen im Land. Die muslimische Gemeinschaft bildet mit 50,7 Prozent eine knappe Mehrheit der Gesamtbevölkerung. Zu den orthodoxen Christen zählen 30,8 Prozent der Bevölkerung, 15,2 Prozent sind katholisch. Auch die jüdische Gemeinschaft ist in Bosnien und Herzegowina präsent, allerdings nur mit etwas weniger als 1.000 Menschen.

Als Kind hatte ich das Glück, im Prozess des Heranwachsens sowohl die islamische als auch die orthodoxe Tradition kennenzulernen, denn ich stamme aus gemischtreligiösen Familie. Mein Vater verstand sich selbst, obwohl er nicht alle Verpflichtungen des Islam vollständig erfüllte, als gläubig im festen Vertrauen an den Einen Gott. Die Mutter hingegen, geboren und aufgewachsen in einer orthodoxen Familie, war weniger stark in ihrer Religion verwurzelt, glaubte aber auch an den Einen Schöpfer und seine Schöpfungskraft. Als Familie feierten wir alle Feiertage, sowohl die muslimischen als auch die der orthodoxen Tradition, und mit Freude besuchten wir die Verwandten auf „beiden Seiten".

Aus heutiger Perspektive könnte man zum Schluss kommen, dass wir als Familie einen eigenen Ansatz zur Förderung der Tradition und des Geistes beider religiöser Richtungen verwirklicht haben. Besonders stolz bin ich darauf, dass die Ehe und das Miteinander meiner Eltern trotz der schrecklichen Ereignisse der 1990er Jahre, in denen viele „gemischte" Familien getrennt wurden und sich seither feindlich gegenüber stehen, noch enger geworden sind.

In Bosnien und Herzegowina gibt es viele gemischtreligiöse Familien, die sich sowohl der muslimischen als auch der orthodoxen Tradition verbunden fühlen.

Mein Weg zum Islam

In meiner Jugend spielte die Religion keine besondere Rolle für mich. Durch die Maktab-Schule[1], an der ich während der Flüchtlingszeit in Deutschland[2] knapp zwei Jahre teilgenommen habe, habe ich zwar Grundkenntnisse des Islam erworben, meine Interessen waren in diesem Zeitraum aber mehr auf andere Studien oder Themen ausgerichtet, wie zum Beispiel auf das Erlernen der deutschen Sprache oder sportliche Aktivitäten, vor allem Fußball.

Eine wachsende Annäherung, verbunden mit dem Wunsch nach grundlegender Beschäftigung mit dem Islam, gab es dann bei mir zwischen dem 20. und 30. Lebensjahr. In diesem Zeitraum gründete ich eine Familie und wurde zum ersten Mal Vater. Obwohl ich glücklich und stolz auf meine kleine Familie war, fühlte ich eine gewisse innere Leere in mir.

---

1 „Maktab" ist ein umfassender Obergriff sowohl für eine Lehranstalt als auch für die in der Lehranstalt vermittelte Lehre und ihre grundlegende Ausrichtung.
2 Während der Kriegs in Bosnien und Herzegowina und danach, zwischen 1994-1998, habe ich zusammen mit der Familie als Flüchtling in Deutschland gelebt.

Belastet durch die existentiellen Probleme im unsicheren Staatsgebilde Bosnien und Herzegowina, das immer noch unter den Folgen des Krieges litt, wurde ich von Fragen bedrängt, die mir vorher nicht bewusst waren:
- Wer bin ich?
- Zu wem gehöre ich?
- Woher komme ich?

Schüchtern begann ich, nach Antworten zu suchen. Zu einer Zeit, als sich alle sicher waren, „wer sie sind" und „was sie glauben", wusste ich nur, was ich *nicht* bin und was ich *nicht* glaube.

Ich erinnere mich an den Moment, als ich fast unbewusst den Koran, das heilige Buch der Muslime, in die Hände genommen und begonnen habe, die Suren zu lesen. Je länger ich las, desto mehr bekam ich Antworten auf meine Fragen. Heute inspiriert mich dieses Buch zum Innehalten und Rückzug aus den Problemen des Alltags: „Religion ... gibt jenseits von Produktivität dem Sinnlosen einen Sinn: dem Leid, dem Scheitern, dem Altern, den Verletzten, den Ausgegrenzten und dem Tod" (Ahmad Milad Karimi).[3]

Der Koran mahnt uns eindringlich und lehrt unser Bewusstsein, dass das Leben einen Sinn und eine eigene Bedeutung hat und die vorgefundenen Fakten dafür ein Zeichen sind. Daher versuche ich, mein Leben an „Gottes Richtlinien" anzupassen. Auf diese Weise stellt der Islam als Religion für mich persönlich nicht nur ein rein geistiges Glaubensfeld dar, vielmehr bildet er auch eine wichtige Grundlage von Werten und Prinzipien, die das gesellschaftliche Leben einer Gemeinschaft und damit eines jeden Einzelnen prägen. Der Islam ermutigt die Menschen, ihr spirituelles und materielles Leben in eine harmonische Einheit zu integrieren, die auf dem Glauben an einen Gott als letztendliches Ziel des Erfolgs in dieser und der zukünftigen Welt beruht.

Für mich persönlich geht eine der besten Definitionen des Islam auf Muhammad Asad[4] zurück: „Der Islam erscheint mir wie ein perfektes

---

[3] Quelle: https://www.giz.de/fachexpertise/downloads/giz2016-de-religion-matters-milad-karimi-islam.pdf (Dialogreihe „Religion matters – Zukunftsfragen neu denken"). Der Autor, Prof. Dr. Ahmad Milad Karimi (geb. 1979 in Kabul) ist Professor für Islamische Philosophie an der Westfälischen Wilhelms-Universität Münster; er hat sich auch einen Namen als Übersetzer des Korans und Dichter gemacht.

[4] Muhammad Asad (geb. als Leopold Weiss in Lemberg, 1900-1992) wurde nach seinem Übertritt zum Islam 1926 ein islamischer Gelehrter; er war als Diplomat und Korrespondent der „Frankfurter Zeitung" tätig. Er gilt bis heute als einer der einflussreichsten europäischen Muslime des 20. Jahrhunderts.

Werk der Architektur. Alle Teile sind harmonisch konzipiert, um einander zu ergänzen und zu unterstützen. Nichts ist überflüssig und nichts fehlt, und das Ergebnis ist eine Struktur absoluter Balance und solider Gelassenheit."

Gegenwärtig steht der Islam mehr als jemals zuvor im Zentrum der weltweiten Aufmerksamkeit. Er wird beurteilt, bewertet und eingeordnet, und als Religion ist er eine außergewöhnliche Herausforderung für die moderne Theologie, Philosophie, Soziologie, Politik und Wirtschaft. Außerdem erscheint es mir manchmal, dass jeder verwundert vor „ihm" steht, unfähig, ihn in einen bekannten Rahmen, in eine Ideologie, in ein Parteiprogramm oder in einen geschichtlichen und geographischen Rahmen einzuordnen.

> *Gegenwärtig steht der Islam mehr als jemals zuvor im Zentrum der weltweiten Aufmerksamkeit.*

Wie steht es um den Islam in Bosnien und Herzegowina?

Die Muslime in Bosnien und Herzegowina werden durch die Institution der islamischen Gemeinschaft organisiert.[5] Der Leiter dieser Institution ist der Reis-ul-ulema, die höchste religiöse Autorität nicht nur für die Muslime in Bosnien und Herzegowina, sondern auch für die in Kroatien, Slowenien und Serbien.

Die Islamische Gemeinschaft ist bei der Festlegung ihrer Ziele und Regulierung ihrer Aktivitäten, Rechtsakte, Wahlverfahren, im Vermögenserwerb und in ihrer Verwaltung unabhängig. Zweck ihrer Tätigkeit ist die Sorge dafür, dass alle ihre Mitglieder ihr Leben nach den Grundsätzen des Islam gestalten. Dieses Ziel wird letztlich durch die Förderung des Guten und Vermeidung des Bösen angestrebt und im Idealfall auch erreicht.

Eine der grundlegenden Aufgaben der Islamischen Gemeinschaft besteht darin, die Authentizität islamischer Normen zu wahren und ihre offizielle Auslegung und Anwendung im Leben der Muslime und in ihrem sozialen Umfeld zu gewährleisten.

Meiner Ansicht nach hat die islamische Gemeinschaft von Bosnien und Herzegowina zusammen mit anderen religiösen Gemeinschaften

---

5 Vgl. auch die Hinweise von Armina Omerika: Die islamische Tradition Bosnien und Herzegowinas. In: OST-WEST. Europäische Perspektiven 12 (2011), H. 4, S. 277-285, bes. S. 281 f.

wesentlich zur Versöhnung und zum Zusammenleben der Völker, insbesondere nach dem Krieg der 1990er Jahre, beigetragen. Ein Beispiel ist die Gründung des Interreligiösen Rates, durch den es gelungen ist, den interreligiösen Dialog zu stärken und im Anschluss daran zahlreiche Projekte zur Versöhnung zwischen den Ethnien und zum Aufbau der Zivilgesellschaft durchzuführen.

Der Dialog ist für die meisten wahren Muslime die Grundlage für das Verständnis mit und gegenüber anderen. Die Tatsache, dass eine Reihe religiöser, ethnischer und rassischer Bevölkerungsgruppen in einem Gebiet zusammen leben, legt nahe, die Kultur des Dialogs, der Toleranz und der Koexistenz zu fördern. Gott erschuf die Menschheit aus einem Mann und einer Frau, teilte sie Völkern und Stämmen zu, um sich gegenseitig zu finden, sich kennen zu lernen und zusammen zu arbeiten – und nicht dazu, um über äußere Unterschiede oder über die soziale Ordnung zu streiten. Der Koran hat dazu eine klare Aussage: *O ihr Menschen, Wir haben euch als Mann und Weib erschaffen und euch zu Völkern und Stämmen gemacht, dass ihr einander kennen möchtet. Wahrlich, der Angesehenste von euch vor Allah ist der, der unter euch der Gerechteste ist. Siehe, Allah ist allwissend, allkundig (Sure 49:13).*

Für wahre Muslime ist das Zusammenleben und -arbeiten mit Angehörigen anderer Religionen oder mit Menschen, die keiner Religion angehören, kein „notwendiges Übel", sondern ein ethisches Gebot.

Leider werden die Religionen in unserem Kontext missbraucht, vor allem von den politischen Eliten aller drei ethnischen Gemeinschaften in Bosnien und Herzegowina.[6] Mit geschickter Manipulation, einem Durcheinander von Thesen und parteigebundenen Einflussnahmen durch die Massenmedien führen sie zu moralischer und sozialer Verwirrung vieler Menschen. Ihr letztendliches Ziel ist es, den Zustand der Ausweglosigkeit, Hoffnungslosigkeit und Lethargie in der Gesellschaft zu zementieren, um damit den Ursprung ihres immensen materiellen Reichtums zu

---

Leider werden die Religionen missbraucht, vor allem von den politischen Eliten aller drei ethnischen Gemeinschaften in Bosnien und Herzegowina.

---

6 In Bosnien und Herzegowina ist es üblich, dass fast alle Menschen nach ihrem Vornamen der muslimisch-bosniakischen, katholisch-kroatischen oder serbisch-orthodoxen Gemeinschaft zugeordnet werden – und damit auch einer politischen Partei. Vgl. zum Hintergrund der schwierigen politischen und gesellschaftlichen Verhältnisse Saša Gavrić: Warum Bosnien und Herzegowina eine Verfassungsreform braucht. In. OST-WEST. Europäische Perspektiven 12 (2011), H. 4, S. 258-265.

verschleiern und weiter an der Macht zu bleiben. Ihr Wirken beschränkt sich auf öffentlichkeitswirksame Aktionen und dient nur der Sicherung von trivialen wirtschaftlichen Vorteilen, Karrieren und Positionen für sich und ihre Familien.

Das Unwissen der Gläubigen spielt in dieser traurigen Gesamtlage eine wesentliche Rolle. „Religionen sind nicht durch Einträge auf Wikipedia zu verstehen. Wir brauchen mehr Raum für den religiösen Dialog und die Vermittlung von Werten in der Begegnung" (Ahmad Milad Karimi).[7]

Herausforderungen für den Glauben in Alltag und Beruf

Meine religiöse Praxis ist die Grundlage für eine kontinuierliche Selbstreflexion und Auseinandersetzung mit den Herausforderungen im Leben, sei es im Beruf oder in der Familie. Das tägliche Gebet ist für mich die Möglichkeit, vor dem Herrn mit ganzem Herzen zu stehen und ihm Ehre zu erweisen. Ich kann mich Gott direkt widmen, mein Herz „füttern" und meine Seele beruhigen, erinnere mich aber auch oft an das Vergängliche.

Das, was mir an Spirituellem von „oben" gegeben wird, versuche ich, in meinem Alltag umzusetzen. In der Arbeit und Kommunikation innerhalb und außerhalb von NARKO-NE[8] begegne ich Menschen verschiedener religiöser Zugehörigkeit mit viel Interesse, Respekt und Zuneigung. Offene, aber auch kontroverse Gespräche über schwierige Themen wie Krieg oder Versöhnung sind für mich sehr wichtig, um die andere(n) Perspektive(n) kennen und verstehen zu lernen. Nur so kann es zu einem fruchtbaren interreligiösen Dialog und einer Verständigung kommen.

Genau diese Werte versuche ich auch mit meiner Frau und unseren beiden Kindern zu leben. Es ist mir wichtig, dass sich die Kinder das ganze Leben lang bewusst sind, dass alle Menschen „von einem Herrn" ins Leben gekommen sind.

Für Jugendliche in Bosnien und Herzegowina ist es sehr schwierig, mit der politischen und sozio-ökonomischen Situation umzugehen. Oft

---

7 Quelle: https://www.giz.de/fachexpertise/downloads/giz2016-de-religion-matters-milad-karimi-islam.pdf (vgl. Anm. 3, oben S. 218).

8 NARKO-NE ist ein Verein, der seit 2002 in Bosnien und Herzegowina Projekte mit Kindern und Jugendlichen zu Themen der Suchtprävention und Gesundheitsförderung verwirklicht (www.prevencija.ba/de).

sind sie vom System komplett ausgegrenzt und ohne Chance auf eine berufliche Perspektive. Die Gesellschaft in Bosnien und Herzegowina muss viele Anstrengungen unternehmen, um die Zahl der gefährdeten Personen zu verringern und einen „sozialen Widerstand" unter ihnen aufzubauen, insbesondere unter den jungen Menschen, um sie nicht der Indoktrinierung auszusetzen. Die jungen Menschen müssen ermutigt werden, ihren eigenen Weg zu finden und auch zu gehen. Sie müssen befähigt werden, an den Prozessen des Gesellschaftsaufbaus aktiv teilzunehmen, ihre Ansichten und Meinungen kritisch und wohlwollend zu entwickeln, immer aber auf der Grundlage, dass der Andere unverletzlich ist und dieselben Rechte in Anspruch nehmen darf.

Die Jugendlichen in Bosnien und Herzegowina müssen befähigt werden, an den Prozessen des Gesellschaftsaufbaus aktiv teilzunehmen.

Außer NARKO-NE, das über einen spezifischen Ansatz in der Freiwilligenarbeit verfügt und kontinuierlich weiterentwickelt, gibt es noch andere zivilgesellschaftliche Organisationen, die in dieser Richtung arbeiten. Erwähnen möchte ich besonders das katholische Jugendzentrum „Johannes Paul II."[9], das mit seiner Offenheit in der Arbeit viele Brücken zu Menschen unterschiedlicher Herkunft und Überzeugungen aufbaut.

Wir leben im 21. Jahrhundert, und dieses Jahrhundert sollte entscheidend für die Förderung von Dialog und Annäherung sein – also ein Jahrhundert, in dem niemand das Monopol auf Nächstenliebe, Rache oder Schmerz hat, sondern im Gegenteil ein Abschnitt in der europäischen Geschichte, der sich dadurch auszeichnen sollte, dass alle das Recht und auch die Möglichkeit haben, Gutes zu tun, und dafür auch ihren Lohn empfangen sollen. Gerade jetzt, wo Europa als Ganzes von vielen Krisen heimgesucht wird, mag dies wie ein Märchen klingen – wenn wir alle es wollen, kann es aber wahr werden.

Damit die Gesellschaft dieses Ziel erreicht, ist es wichtiger denn je, diejenigen Schlüsselwerte zu fördern, die nicht nur der Islam, sondern auch andere Religionen in den Vordergrund stellen: Zuversicht, Geduld, Demut, Verzicht, Rücksicht, Gerechtigkeit, Dialog, Fürsorge, Kreativi-

---

9 Das Jugendzentrum „Johannes Paul II." in Sarajevo ist ein Ort, an dem Jugendliche die Möglichkeit haben, ihren Glauben zu vertiefen, aber auch mit andersgläubigen jungen Menschen ins Gespräch zu kommen. Außerdem können sie dort eine zusätzliche Ausbildung machen.

tät, Humor sowie Verantwortung für die Seele, Familie und Gesellschaft. Um das zu erreichen, sollte am Anfang jeder bei sich selbst beginnen – ständig sein eigenes Ego und seine Gelüste, seinen Hochmut und seine Gier, seine Heuchelei und seine Neigung zu Lügen überdenken und in einem ständigen Dschihad[10] mit diesen schlechten Eigenschaften sein.

Wie ein gläubiger Mensch sein sollte und welche Eigenschaften er besitzen soll, beschreiben am besten die ersten zehn Zeilen der 23. Sure „al-Mu'minun" („die Gläubigen") aus dem Koran:

Erfolg fürwahr krönt die Gläubigen, die sich demütigen in ihren Gebeten, und die sich fernhalten von allem Eitlen, und die nach Reinheit streben und die ihre Sinnlichkeit im Zaum halten – es sei denn mit ihren Gattinnen oder denen, die ihre Rechte besitzt, denn dann sind sie nicht zu tadeln; die aber darüber hinaus Gelüste tragen, die sind die Übertreter – und die ihre Treue und ihre Verträge wahren, und die streng auf ihre Gebete achten, das sind die Erben.

---

10 „Dschihad" bezeichnet im religiösen Sinne ein wichtiges Konzept der islamischen Religion, nämlich das unablässige Abmühen auf dem Wege Gottes. Vgl. dazu auch die Erläuterungen von Abdelmalek Hibaoui in diesem Heft, oben S. 168f.

Das Verhältnis von Muslimen und Nichtmuslimen ist in Deutschland wie auch sonst in Europa von ambivalenten Erfahrungen geprägt. In der Regel ist es eher ein Nebeneinander als ein Miteinander, was letztlich Unkenntnis und Vorurteilen Vorschub leistet. In den beiden folgenden Texten kommen zwei in Deutschland geborene und aufgewachsene Muslime, deren Familien aus der Türkei bzw. Marokko stammen, zu Wort. Ihre Schilderungen sind nicht unbedingt repräsentativ, dürften aber der Lebenswelt vieler junger Muslime in Deutschland entsprechen.

Pakize Altinbas

„Es ist eine Herausforderung, das Kopftuch zu tragen."
Aus dem Alltag einer jungen Muslimin in Deutschland

Deutschland bedeutet für mich u. a. Heimat, da ich hier geboren und aufgewachsen bin. Ich beherrsche die Sprache, habe die Mentalität verinnerlicht, studiere hier, arbeite hier und erlebe meine Freuden und meine Trauer hier. Wir, Deutschland und ich, haben eine sehr persönliche Beziehung zueinander.

Ich bin im Jahre 1994 in Datteln im Ruhrgebiet geboren und im nördlichen Schwarzwald in einem kleinen Dorf aufgewachsen. Meine Eltern sind in der Türkei geboren und leben seit den 1980ern und 1990ern in Deutschland. Nach meinem Abitur in Süddeutschland habe ich beschlossen, Islamische Theologie in Münster zu studieren. Hier lebe und studiere ich seit über drei Jahren, bin in unserer Fachschaft tätig und arbeite nebenbei in einem Lebensmittelgeschäft.

In Deutschland führe ich ein sehr angenehmes und sorgloses Leben, was das Praktizieren meines Glaubens angeht. Das angenehme und sorglose Leben hier in Deutschland stellt aber seine Forderungen an mich, nämlich die folgenden: reflektiertes Wissen über mich, meine Vorfahren und meine Religion, denn sie sind das, was mich von einem „normalen" deutschen Bürger unterscheidet und ständig in Gespräche verwickelt. Warum lebe ich eigentlich in Deutschland, was sagt meine Religion zu gewissen Themen, wie stehe ich dazu usw. Es gibt so einige Fragen, die man sich im Leben zuerst selbst beantworten sollte, bevor man mit seinem eigenen Unwissen über sich konfrontiert wird. Das reflektierte

Wissen ist deshalb so wichtig, weil man wissen sollte, was man weshalb tut, um sich darüber im Klaren zu sein – und weil man die Tatsache nicht umgehen können wird, auf seine Religion angesprochen zu werden.

Der Glaube ist in erster Linie eine Angelegenheit des Herzens und nicht für den Menschen sichtbar. Was jedoch die Gottesdienste angeht, so sind diese auch mit dem Auge wahrnehmbar, wie das Gebet, das Fasten oder die Kleidung. Hier, bei den gottesdienstlichen Handlungen, beginnt die meiner Meinung nach einzige Herausforderung in der Gesellschaft für uns Muslime, mit der wir umgehen müssen. Diese einzige Herausforderung darf nicht unterschätzt werden, da man ständig mit ihr konfrontiert wird. Hier sei erwähnt, dass Herausforderungen nicht unbedingt negativ aufgefasst werden müssen, denn dem Begriff selber kann entnommen werden, dass er die Förderung beabsichtigt. Es kommt also ganz auf den Blick an, den der Betrachter auf das Geschehen richtet: „Die Schönheit liegt im Auge des Betrachters."

Im Bezug auf das *Praktizieren des Glaubens* werde ich nur auf die für mich wichtigsten Schwierigkeiten eingehen. Eine dieser Herausforderungen ist es, das Kopftuch zu tragen und sich nach den *islamischen Kleidungsvorschriften* zu kleiden. Wir reden in Deutschland von Religionsfreiheit, somit auch über die Freiheit, den Glauben zu praktizieren, und von Meinungsfreiheit, aber wenn manchen Menschen etwas Ungewohntes ins Auge sticht, was ihnen fremd und anders erscheint, nehmen sie sich oft das Recht, die Grenzen ihrer Freiheit zu überschreiten, indem sie versuchen, die Freiheit anderer einzuschränken. Andere handhaben es so, dass sie das Fremde ausblenden und wegschauen – dabei bildet dieses Fremde einen Teil der deutschen Gesellschaft. Wieder andere sind offen für alles und jeden. Die Herausforderung kann zweierlei Konsequenzen haben: Die eine wäre, dass die betroffene Muslimin sich von der Gesellschaft abkapselt, weil sie sich nicht willkommen oder fremd fühlt. Die andere wäre, dass die Herausforderung als eine Art Stärkung des Wissens, des Glaubens und des Selbstbewusstseins aufgefasst wird, also als eine Förderung. Hier muss ich jedoch erwähnen, dass diese Herausforderung auch eine sehr hässliche Gestalt annehmen kann, wenn es z. B. zu Rassismus kommt. Wenn die betroffene Person schwach ist, verliert die Gesellschaft ein Mitglied, das seine zukünftige distanzierte Beziehung zur Gesellschaft damit begründet, dass diese sie und ihresgleichen nicht akzeptiert. Wenn die betroffene Person aber stark genug ist, dann wird sie zeigen, dass sie als Mitglied dieser Gesellschaft dieselben Freiheiten und Rechte besitzt, wird sich verteidigen und nicht gleich die gesamte Gesellschaft für ein unglückliches Erlebnis beschuldigen, sondern differenzieren.

Mir persönlich fällt es nicht schwer, mit schwierigen Situationen umzugehen, ob ich nun wegen des Kopftuchs schief angeguckt werde, blöde Kommentare zu hören oder provokante Fragen gestellt bekomme, denn das sind keine Dinge, auf die man nicht reagieren könnte. Manchmal muss man selber etwas ignorieren, Blicke ausblenden oder gar dieselben Blicke zurückgeben, und bei blöden Kommentaren einfach mit blöden Kommentaren antworten, manchmal aber nur schweigen oder ignorieren. Auch wenn man im Alltag mit seiner eigenen Überzeugung, das Kopftuch zu tragen, sehr gut zurecht kommt, ist man gewissermaßen gezwungen, eine starke Haltung einzunehmen, da man ohne diese sehr viel Druck auf sich spürt. Das mag daran liegen, dass man z. B. auf der Jobsuche mit einem Kopftuch mindestens vier Mal so viele Bewerbungen verschicken muss, um angenommen zu werden, als jemand ohne Kopftuch, oder dass man meistens auf das Kopftuch reduziert wird und nicht auf seine Taten, seinen Charakter usw. Als selbstbewusste Muslimin bin ich bestrebt, diese Reduzierung aufzuheben und zu zeigen, dass das Kopftuch mich nicht verändert. Es ist, um es in anderen Worten zu sagen, ein Kampf um *Selbstverwirklichung*. Die einen kommen sehr gut damit zurecht, andere gehen unter. Von mir kann ich Gott sei Dank behaupten, dass ich zur ersten Gruppe gehöre, da ich mit der Zeit gelernt habe zu differenzieren, zu handeln und meinen Blick auf die Dinge zu ändern. Ich schaffe es, durch mein Handeln – durch Hilfsbereitschaft, freundliches Auftreten, ein Lächeln im Gesicht usw. – Respekt zu erlangen, Respekt, der mir als Mensch und Muslimin gezeigt wird.

Zum islamischen *Fastenmonat Ramadan* möchte ich gerne auch noch einige Zeilen schreiben. Beim Fasten hatte ich bis heute sehr selten mit Problemen zu kämpfen, da es eine für andere unsichtbare Handlung ist und sie nur dann auffällt, wenn ich selber sie bekannt gebe, es sei denn, mein Gesprächspartner ist über die Fastenzeit der Muslime informiert und spricht mich darauf an. Die einzige Herausforderung beim Fasten besteht darin zu erläutern, was, warum und für wen man es tut – und das ist machbar. Wenn man einige Fragen mit Humor aufnimmt, kann man sogar Spaß an den Fragen haben. Für uns steht fest: Es wird nicht gegessen und nicht getrunken. Für Leute, die sich nur wenig mit dem Islam und dem Fasten im Islam beschäftigt haben, bringen diese Vorgaben aber sehr viele Fragen mit sich, wie: „Dürft ihr nicht einmal einen einzigen Schluck Wasser trinken? Dürft ihr denn nicht einmal Kaugummi kauen?" Dabei kann die Antwort bereits aus der Beschreibung „nichts essen und nichts trinken" entnommen werden. Das Fasten macht in Deutschland wirklich Spaß, denn ich sehe, dass es auch interessierte Nichtmuslime gibt, die am gemeinsamen Fastenbrechen teilnehmen, sich informieren, Fragen stellen und mit uns gemeinsam Zeit verbringen. Der Segen des Ramadan macht sich wirklich überall bemerkbar, ob nun in muslimischen oder in nichtmuslimischen Ländern. Vieles andere, aber auch diese Tatsache zeigen mir immer aufs Neue, dass, wenn jeder unabhängig von seiner Religion und seiner Kultur seinem Gegenüber mit Respekt und Freundlichkeit entgegenkommt, wir uns und unserer Gesellschaft sehr viel Gutes tun können. Wenn wir dem Schlechten mit Gutem entgegenkommen, verlieren wir nichts, wir heben vielmehr den Wert der Menschlichkeit empor, und das ist das, was uns alle verbindet.

Menschlichkeit: Ich bin den Nichtmuslimen in Deutschland, die mich geprägt haben, dankbar für ihre Menschlichkeit, dankbar für ihre Freundschaft und dankbar dafür, dass sie mir gezeigt haben, dass es schade um die wertvollen Menschen wäre, wenn man alle über einen Kamm scheren würde und dass es sich lohnt zu differenzieren, indem man seinen Blick auf die Dinge ändert. Auch aus schlechten Erlebnissen kann man lernen oder etwas Gutes erkennen, wenn man nur richtig hinschaut. Daher behaupte ich, dass das Praktizieren des Glaubens für eine Muslimin nicht das Einfachste ist, wenn man in Deutschland lebt, da man mit so manchen kniffligen Situationen im Alltag konfrontiert wird. Doch es ist möglich. Es erfordert ein wenig Selbstinitiative und selbstverständlich eine gewisse Bereitschaft des Gegenübers, aber es ist machbar. Wir müssen alle nur wollen. Ich will definitiv! Daher wünsche ich mir, dass sich noch mehr Menschen dazu bereit erklären, Pluralität zu akzeptieren und zu respektieren, um die Menschlichkeit in den Vordergrund zu rücken, die in uns allen steckt.

* * *

Ali El Hamite

„Leider nimmt der antimuslimische Rassismus zu."
Aus dem Alltag eines jungen Muslims in Deutschland

Zurzeit studiere ich in Münster auf Lehramt für islamische Religionslehre und praktische Philosophie, zwei Fächer, die sich sehr gegensätzlich gegenüberstehen, vor allem dann, wenn es um grundlegende metaphysische Fragen geht. Geboren und aufgewachsen bin ich im westfälischen Münster; meine Eltern sind bereit seit den 1980ern und 1990ern hier und kommen ursprünglich aus Marokko. Neben meinem Studium fahre ich Taxi, um es finanzieren zu können. Ich selbst bin 1991 geboren und lebe bis heute ununterbrochen in derselben Stadt, Münster, sodass ich mich hier am meisten heimisch und mich selbst als Deutscher fühle. Das sehen jedoch viele meiner Mitmenschen anders, weil ich überhaupt nicht „typisch deutsch" aussehe und mich eine Geburt in Deutschland noch nicht zum Deutschen macht. So argumentierte man auch schon mit mir dahingehend, dass „die Geburt einer Ratte in einem Pferdestall diese ja auch nicht zu einem Pferd macht".

Am Anfang möchte ich gerne klären, dass man sehr oft zwar auf kultureller Ebene diskriminiert wird und eher seltener auf rein religiöser Ebene, jedoch die Linie zwischen Religion und Kultur eine sehr feine, manchmal verschwommene Linie ist und beides eigentlich ineinander übergreift. So wie es auch der promovierte Orientalist und Friedenspreisträger des deutschen Buchhandels, Navid Kermani, in seinem Werk „Wer ist Wir?" verdeutlicht, hat man durch seinen Migrationshintergrund zwei Herzen in einer Brust und auch in seinem eigenen Zuhause einen Zugang zu einer neuen (in seinem Fall: iranischen) Welt, die sich kulturell von der Außenwelt unterscheiden lässt. Daher sehe ich in einer heterogenen Gesellschaft, die sowohl multireligiös als auch multikulturell ist, eine große Bereicherung anstatt einer Belastung, zumal man sich gegenseitig kennen lernt und seinen eigenen Horizont erweitert.

Mindestens so sehr wie ich meine Heimat Deutschland liebe, so liebe ich auch meine Religion, den Islam. Aus den Lehren des Korans und des Lebens des Propheten Mohammed leiten wir ein harmonisches, zwischenmenschliches Miteinander mit nichtmuslimischen Mitmenschen ab, was mich dazu motiviert, in meiner Heimatstadt an vielen interreligiösen und karitativen Projekten teilzunehmen. Bis zu einem gewissen Alter hat die Religion bei mir und meinen Freunden nie eine Rolle gespielt, erst die Attentate am 11. September 2001, dann das große Attentat in Spanien 2004, darauffolgend London 2005 und die großen Kriege in Irak, Libyen und vor allem Syrien sorgten dafür, dass man hier in Deutschland seitens der nichtmuslimischen Freunde eine gewisse Distanz oder auch Angst verspürte und man sich durch deren Fremdbestimmung „anders" fühlte.

Generell lässt sich aus meiner Sicht sagen, dass man immer dann Ablehnung erfahren hat, wenn man versucht hat, an seiner Religion festzuhalten und man dann „der Übertreiber" oder „die Spaßbremse" war. Ein Beispiel dazu: Als ich in unserem Stadtteil in einer Fußballmannschaft gespielt habe, wurde mit steigendem Alter in der Pubertät auch mehr Alkohol konsumiert, sodass letztendlich nach jedem Spiel oder nach jedem Training einer der Spieler eine Bierkiste für die komplette Mannschaft ausgegeben hat. Als ich darauf aufmerksam gemacht habe, dass ich nicht mittrinken möchte, bin ich auf Unverständnis gestoßen, was sich bis zum Kontaktabbruch steigerte. Genau in dem Moment, in dem ich an meiner Religion festhalten wollte, traf ich auf Ablehnung; selbst dann, als ich am Spielfeldrand mein Fasten brechen und genüsslich den Proviant, den mir meine Mutter eingepackt hatte, verspeisen wollte, fragten mich die anderen, ob „Allah denn einen Blitz auf mich werfen würde, wenn man erst nach dem Training essen würde". Diese Erfahrungen innerhalb der Fußballmannschaft zeigten mir leider, dass man nur so lange gern gesehen und cool ist, solange man alles mitmacht, was der Großteil selbst unternimmt.

Der islamische Glaube lässt sich in *fünf Säulen* unterteilen, aus denen sich auch die Glaubensausübungen ableiten lassen. Die erste und wichtigste Säule ist das *doppelte Glaubensbekenntnis,* dass es keinen Gott außer Allah gibt und der Prophet Mohammed sein Gesandter ist. In der aufrichtigen Verinnerlichung dieses Bekenntnisses sehe ich heutzutage eine diskriminierende Problematik, sofern durch die Medienerstattung Feindbilder generiert werden, die beispielsweise den Islam mit dem IS gleichsetzen. Vielen meiner Mitmenschen fehlte bisher das nötige Feingefühl, um zwischen diesen beiden Instanzen differenzieren zu können. So wird unser Prophet Mohammed nicht selten in der Medienlandschaft als barbarischer Kriegsherr dargestellt und alle in Europa lebenden Muslime (vor allem Flüchtlinge) als potenzielle Gefährder. Im Lehrerkollegium der Schule meines Praktikums trifft man immer wieder auf Lehrende, die behaupten, dass die muslimische Religionslehre im schulischen Kontext nichts zu suchen habe. Dabei vergisst man schnell, dass Kinder mit grundlegender Kenntnis über die eigene Religion im schulischen Kontext immun wären gegen Gehirnwäschen extremistischer Prediger im Internet. Die Erwähnung, Muslim zu sein, hat leider bis heute immer noch in sehr vielen Gesprächen einen faden Beigeschmack, bis dahin, dass manchmal sogar die Stimmung kippt. Fragen wie „Gehört der Islam zu Deutschland?" führen leider auch heute noch zur gesellschaftlichen Spaltung zwischen Muslimen und Nichtmuslimen.

Als zweite Säule des Islam gilt das *fünfmalige tägliche Gebet*. Ein Gebet dauert hierbei lediglich 5-10 Minuten – und dennoch bekommt man nach meiner eigenen Erfahrung so gut wie nie die Zeit dafür. Es sei hinderlich und zeitaufwendig, meinen hierbei häufig die Chefs; dabei war es für den Chef jedoch nie ein Problem, wenn meine damaligen Kollegen 7-12 Raucherpausen am Tag eingelegt haben. Wird man an einer deutschen Hochschule zufällig beim Gebet gesehen, sind auch blöde Kommentare wie „Hey! Sowas kannst du vielleicht in deinem Land machen!" oder „Was soll das?" nicht mehr weit entfernt, weil die Bewegungsabläufe des Gebetes unbekannt und befremdlich wirken. Solche Erlebnisse sorgen für eine zurückhaltende Einstellung, in der man darauf achtet, niemanden provozieren zu wollen; das Gebet wird dann lieber zu Hause verrichtet. Das verdeutlicht meiner Meinung nach die Wichtigkeit der so genannten „Räume der Stille", also Gebetsräume an universitären Einrichtungen.

Die vierte und fünfte Glaubenssäule, das *Almosenzahlen* und die *Pilgerreise nach Mekka*, spielen bei Diskriminierungserfahrungen keine große Rolle – bis auf die Tatsache, dass angeblich fast jede muslimische Spendenorganisation in Deutschland schon Ärger mit dem Verfassungsschutz hatte und man es sich somit doppelt und dreifach überlegt, ob man dennoch spenden möchte. Es kann dazu kommen, dass man der Terrorunterstützung bezichtigt wird. Auch werden die muslimischen Pilgerstätten in einigen Online-Foren als Trainingscamps des IS betitelt, was natürlich Schwachsinn ist.

Neben dem Gebet hat mir bisher das *Fasten* als dritte wichtige Säule des Islam die meisten Erfahrungen von Ressentiments eingebracht. Während des Fastenmonats Ramadan darf man zwischen dem Sonnenaufgang und dem Sonnenuntergang weder essen noch trinken noch rauchen oder Geschlechtsverkehr haben. In bestimmten Einzelfällen kommt es natürlich auch dazu, dass die Arbeitsleistung eines Fastenden abnehmen kann, etwa auf der Baustelle oder im Außendienst bei einem Paketdienst. Nachdem mein ehemaliger Chef beim Deutschen Paketdienst (DPD) bemerkte, dass ich durch das Fasten fast eine Stunde pro Tag länger brauchte, hat er mir in einem wütenden Ton gesagt, dass er doch mich bezahle und nicht meine Religion oder meinen Gott. Als die Sonne am vergangenen Dienstag unterging und auch am städtischen Abendgymnasium die Schülerinnen und Schüler islamischen Glaubens ihr Fasten brechen durften, erlaubte die Lehrerin lediglich, dass man aus dem Wasserhahn der Toilette einen kräftigen Schluck nehmen durfte; das wirkte auf mich sehr respektlos. Aus meiner Sicht wird keinerlei Rücksicht auf fastende Mitarbeiter genommen, nach dem Motto, sie seien doch selber daran schuld seien, dass sie fasten. Wie schon oben erwähnt, führt Enthaltsamkeit zur Ablehnung in der Mehrheitsgesellschaft.

Im Taxigeschäft sagen mir Fahrgäste oft, wie schön es doch sei, dass ich dem Staat nicht auf der Tasche liege und warum nicht jeder Ausländer so sein könnte wie ich, wobei ich mich natürlich nicht als Ausländer verstehe. Leider nimmt der antimuslimische Rassismus zu. So erleben muslimische Kommilitoninnen, dass der Hass gegen das Kopftuchtragen durch die große Mithilfe seitens AfD und PEGIDA immer salonfähiger wird. Auch das Tragen eines Kopftuchs gehört für muslimische Frauen zur Glaubensausübung des Islam. Leider sind Fälle, in denen muslimischen Frauen das Kopftuch gewaltsam vom Kopf gerissen wird, schon lange keine Ausnahmen mehr.

Mit meiner Darstellung will ich weder Mitleid erwecken noch die verschiedenen Fronten verhärten, sondern lediglich eine weitere Perspektive anbieten. Wir lieben unsere Religion und sehen uns auf keinen Fall als Opfer, doch ist es manchmal schade zu vernehmen, wie unreflektiert viele Mitbürger sich ein Urteil über den Islam und die Muslime bilden. Hass und Unverständnis werden so lange weiter anwachsen, bis man aufhört, über den „Anderen" zu sprechen und endlich anfängt, miteinander in einen interreligiösen und interkulturellen Dialog zu treten. Nur beim Kennenlernen des jeweils anderen kommt es zu einer Annäherung und zum Zusammenwachsen innerhalb der Gesellschaft.

Der Friede sei mit euch und uns allen.

Zur Religiosität muslimischer Jugendlicher in Deutschland. Ein Gespräch mit Clauß Peter Sajak

Prof. Dr. theol. habil. Clauß Peter Sajak ist Theologe und Religionspädagoge und hat den Lehrstuhl für Religionspädagogik und Didaktik des Religionsunterrichts an der Katholisch-Theologischen Fakultät der Westfälischen Wilhelms-Universität Münster inne. Seine Arbeitsschwerpunkte sind u. a. das interreligiöse Lernen und der christlich-islamische Dialog. – Die Fragen stellte Thomas Bremer.

Gibt es charakteristische Züge in der Religiosität muslimischer Jugendlicher, die in Deutschland wohnen, im Vergleich zu christlichen Jugendlichen? Was sind die Gemeinsamkeiten, was die Unterschiede?

Religion hat für muslimische Jugendliche sicherlich insgesamt einen höheren Stellenwert als für christliche, das zeigen alle empirischen Studien aus diesem Bereich. Besonders deutlich wird dies in der jüngsten Shell-Studie[1], wo die Wichtigkeit des Glaubens an Gott für die Lebensführung von jungen Muslimen mit wesentlich größerem Nachdruck betont wird als von evangelischen und katholischen jungen Christen. Hier erklären 76 Prozent aller befragten muslimischen Jugendlichen, dass für sie der Glaube an Gott von zentraler Bedeutung für die persönliche Lebensführung ist. Bei christlichen Jugendlichen fällt dies wesentlich nüchterner aus: 45 Prozent aller Katholiken betonen aber immerhin eine solche Bedeutsamkeit von Religion und Glaube sowie 37 Prozent der evangelischen Christen. In verschiedenen anderen Studien, die allerdings z. T. über zehn Jahre alt sind, gewinnt man das recht einheitliche Bild, dass für in Deutschland lebende muslimische Jugendliche das religiöse Wissen, eine Ethik der

---

1 Jugend 2015. Eine pragmatische Generation im Aufbruch. Hrsg. von der Shell-Deutschland-Holding. Frankfurt (Main) / Hamburg 2015.

Lebensführung aus religiösen Geboten und die Feier religiöser Zyklen und Feiertage eine insgesamt größere Bedeutung hat als für christliche Jugendliche beider Konfessionen hierzulande.

Wie verändern sich das religiöse Leben und die religiösen Einstellungen, wenn junge Muslime nach Deutschland kommen?

Mir sind noch keine Studien bekannt, in denen die Religiosität, geschweige denn die Veränderung von religiösem Glauben bzw. religiösen Praktiken der nach Deutschland geflüchteten Kinder und Jugendlichen muslimischen Glaubens untersucht worden sind. Die Migrationsforschung aus historisch-systematischer Perspektive vertritt aber bis heute die These, dass für Menschen auf der Flucht angesichts der potenzierten Kontingenz in ihrem Leben Religion und Glaube natürlich wichtiger werden. Der Beispiele gibt es viele, von den in die USA ausgewanderten Juden und Katholiken über die postkolonialen muslimischen und hinduistischen Gemeinden in Frankreich und England bis hin zu den Moscheegemeinden der so genannten türkischen Gastarbeiter der ersten Generation in der Bundesrepublik Deutschland.[2] Zugleich wird vielfach die Erfahrung gemacht, dass gerade muslimische Jugendliche in der Auseinandersetzung mit der Kultur ihres Ankunftslandes Deutschland durchaus Konzessionen an die religiöse Lebensführung machen und nach einigen Monaten in ihrer religiösen Praxis eher nachlässig werden. Wunderbar beschrieben ist das exemplarisch in dem Erfahrungsband von Amir Baitar und Henning Sußebach „Unter einem Dach", in dem ein Syrer und ein Deutscher die gemeinsame Geschichte einer Flüchtlingsintegration erzählen.[3] Aus wissenschaftlicher Perspektive lassen sich hier allerdings keine verbindlichen Auskünfte geben.

Lassen sich signifikante Unterschiede zwischen hier geborenen und aufgewachsenen Muslimen und solchen, die nach Deutschland gekommen sind, aufzeigen?

Ja, denn die Frage, wie sich die Religiosität von Zuwanderern der ersten, der zweiten und der dritten Generation unterscheidet, ist sehr genau untersucht worden, u. a. durch eine Interview-Studie im Auftrag der Deutschen Islamkonferenz (DIK) im Jahre 2009 und eine ausführliche Emnid-Befragung aus dem Jahre 2016, die der Münsteraner Religionssoziologe Detlev Pollack unter Türkischstämmigen in Deutschland durchgeführt

---

2 Saskia Sassen: Migranten, Siedler, Flüchtlinge. Von der Massenauswanderung zur Festung Europa. Frankfurt (Main) 1996 u. ö. sowie Hans Joas: Religion als Integrationshindernis? In: Ulrich Hemel, Jürgen Mannemann (Hrsg.): Heimat finden – Heimat erfinden. Politisch-philosophische Perspektiven. Leiden/Paderborn 2017, S. 151-156.

3 Amir Baitar, Henning Sußebach: Unter einem Dach. Ein Syrer und ein Deutscher erzählen. Reinbek 2016.

hat. Beide Studien zeigen deutlich, dass Religiosität und religiöse Praxis von Menschen der zweiten und dritten Einwanderergeneration deutlich nachlassen bzw. wesentlich weniger ausgeprägt sind als in der ersten Einwanderergeneration. Dies gilt insbesondere für Menschen aus der Türkei, die in beiden Studien vornehmlich befragt worden sind. So sank der Anteil der Befragten mit türkischem Hintergrund, die wöchentlich eine Moschee besuchen, von 32 Prozent in der ersten Generation auf 23 Prozent in der Kohorte, die bereits in Deutschland geboren worden war. Auch beim persönlichen Gebet unterschieden sich die Zahlen entsprechend: So geben 55 Prozent der ersten Generation an, ein tägliches persönliches Gebet (Dua) zu sprechen, während dies nur noch 35 Prozent der zweiten und dritten Einwanderergeneration tun. Dass Frauen in der Öffentlichkeit ein Kopftuch tragen sollen, wird in der ersten Einwanderergeneration noch von 39 Prozent der Befragten befürwortet, in der Nachfolgegeneration sind es nur noch 27 Prozent. Dem entspricht der Anteil der muslimischen Frauen, die tatsächlich ein Kopftuch tragen, denn der ging von 41 Prozent in der ersten Einwanderergeneration auf 21 Prozent unter den in Deutschland Geborenen zurück. Lediglich in der Frage der religiösen Selbsteinschätzung ist die zweite und dritte Einwanderergeneration entschiedener: Hier bezeichnen sich tatsächlich 72 Prozent der in Deutschland geborenen Muslime mit türkischstämmigen Wurzeln als „tief" oder „eher religiös", während dies unter den aus der Türkei Zugewanderten der ersten Generation nur 62 Prozent sind. Diesen scheinbaren Widerspruch zu allen anderen Ergebnissen der Befragung im Bereich von Religion erklärt die Münsteraner Gruppe wie folgt: „Möglicherweise spielen die Antworten auf diese Frage weniger die ‚tatsächlich gelebte' Religiosität wider als vielmehr ein demonstratives Bekenntnis zur eigenen Kultur und Herkunft."[4]

Inwieweit hängt die Religiosität mit den Herkunftsländern zusammen?

Prinzipiell ist mit Blick auf muslimische Jugendliche natürlich zwischen sunnitischen und schiitischen Herkunftskontexten zu unterscheiden. Mit Blick auf die Muslime in Deutschland ist generell festzustellen, dass die meisten von ihnen aus der Türkei stammen bzw. aus Familien, die aus der Türkei eingewandert sind, nach einer Hochrechnung der Deutschen Islamkonferenz aus dem Jahre 2015 ca. 2,2 Millionen Muslime. Diese sind in der Regel Sunniten. Genauso verhält es sich mit den in der Statistik folgenden nächsten beiden Einwanderungskontexten. Dies sind nämlich

---

4 Detlev Pollack (u. a.): Integration und Religion aus der Sicht von Türkeistämmigen in Deutschland. Repräsentative Erhebung von TNS Emnid im Auftrag des Exzellenz-Clusters „Religion und Politik" der Universität Münster. Münster 2016, hier S. 12. Zur Befragung im Auftrag der Deutschen Islamkonferenz vgl. Matthias Rohe: Der Islam in Deutschland. Eine Bestandsaufnahme. München 2016, S. 89–93.

Muslime aus dem Nahen Osten – ca. 248.000 Menschen – und aus Nordafrika – ca. 200.000 Einwanderer –, beides auch sunnitische Kulturräume. Schiitischen Glaubens sind dagegen jene Menschen, die iranische Wurzeln haben bzw. deren Familien aus dem Iran eingewandert sind. Sie stellen die zweite große Bekenntnisgruppe bzw. -strömung innerhalb des Islam dar, die allerdings in Deutschland nur 68.000 Gläubige umfasst. Alles in allem kann man also über die in Deutschland lebenden Muslime die Aussage treffen, dass sie in der Regel sunnitischen Glaubens sind und einen türkischen, arabischen oder nordafrikanischen Hintergrund haben.[5] Davon erforscht worden sind, wie in meiner Antwort zuvor bereits zitiert, lediglich die türkischstämmigen Einwanderer.

Gibt es etwas „typisch Deutsches" an der Haltung hier lebender muslimischer Jugendlicher zu ihrer Religion?

Das Leben der jungen Muslime in Deutschland ist wie auch das der Nichtmuslime geprägt von der für dieses Lebensalter typischen Suche nach Identität, Gemeinschaft und Orientierung. Dabei sehen sie sich natürlich in Schule, Freizeit wie Beruf den kulturellen Mustern und Mechanismen der Mehrheitsgesellschaft ausgesetzt. Die biographischen Hintergründe ihrer Eltern treten dagegen oft in den Hintergrund. So ist auch unter jungen Muslimen eine Vervielfältigung von Jugendszenen und Jugendtrends erkennbar. Man könnte positiv akzentuiert sagen, die Ausdifferenzierung einer muslimischen Jugendkultur in analogen Szenen und Trends ist der Ausdruck und die Manifestation einer gelungenen Einbürgerung des Islam in Deutschland.[6] Und: Wie auch ihre christlichen Altersgenossen stehen die muslimischen Jugendlichen in einer wissenschaftsorientierten und säkularen Gesellschaft vor der Herausforderung, ihren eigenen Glauben und ihre religiöse Lebenspraxis kognitiv zu reflektieren und rational zu kommunizieren.[7]

Welche Rolle spielt der Religionsunterricht – sei der der informelle in den Moscheegemeinden, sei es der in der Schule?

Leider können wir noch keine Aussage über die Bedeutung des islamischen Religionsunterrichts in der öffentlichen Schule auf die Religiosität und die vom Glauben geprägte

---

5 Alle Zahlen sind zitiert aus Anja Stichs: Wie viele Muslime leben in Deutschland? Eine Hochrechnung über die Anzahl der Muslime in Deutschland zum Stand 31. Dezember 2015. Im Auftrag der Deutschen Islamkonferenz. Berlin 2016.

6 Götz Nordbruch: Deutsch und/oder Muslim? – Muslimische Jugendliche in Deutschland. Berlin 2011 (http://www.ufuq.de/deutsch-undoder-muslim-muslimische-jugendliche-in-deutschland/; letzter Zugriff: 20.06.2018).

7 Sylvia Kaweh: Religion und Identität junger Muslime in Deutschland. Stuttgart 2006, S. 1.

Lebenspraxis von jungen Muslimen in Deutschland treffen. Dies hängt damit zusammen, dass es einen islamischen Religionsunterricht in konfessioneller Gestalt bisher leider lediglich in Niedersachsen und Nordrhein-Westfalen als ordentliches Unterrichtsfach gibt, während in anderen Bundesländern immer noch an verschiedenen Organisationsformen und Modellen herumgedoktert wird. Entsprechend gibt es auch noch keine empirische Forschung zur Bedeutung des Religionsunterrichts für Muslime in Deutschland, auch wenn meine Kollegin Judith Könemann, mein Kollege Rauf Ceylan und ich gerade an der Konzeptionierung und Pilotierung einer solchen Studie arbeiten. Die Bedeutung der Koran-Kurse und des Koran-Unterrichts in den Moscheegemeinden scheint mir weiterhin immens hoch zu sein. Es gehört zum guten Ton unter muslimischen Eltern, ihre Kinder zur religiösen Wissensvermittlung und Entwicklung religiöser Kompetenz dem Imam der jeweiligen Moscheegemeinde anzuvertrauen. Inwieweit diese gemeindliche Form der religiösen Bildung allerdings erfolgreich ist, lässt sich schwer sagen. Vereinzelte Studien zeigen, dass auch hier die Wirksamkeit und die Nachhaltigkeit religiösen Lernens ähnlich schwach ausgeprägt ist wie in der christlichen Gemeindekatechese.[8]

---

8 Ebd., S. 3.

Navid Kermani

„Eher führt der Islam einen Krieg gegen sich selbst."

Navid Kermani ist Schriftsteller und Orientalist. Er wurde 1967 als Sohn iranischstämmiger Eltern in Siegen geboren und hat sowohl die deutsche als auch die iranische Staatsangehörigkeit. Er hat immer wieder in laufende gesellschaftliche Debatten eingegriffen und für Klärung gesorgt.

Im Herbst 2015 erhielt Navid Kermani den Friedenspreis des Deutschen Buchhandels. In einer leidenschaftlichen Rede, die den Titel „Über die Grenzen – Jacques Mourad und die Liebe zu Syrien" trug, äußerte er sich zur gegenwärtigen inneren und äußeren Verfasstheit des Islam und skizzierte auch grundlegende Fragen des Miteinanders der Religionen und ihrer Rolle in der modernen Gesellschaft. Seine Aussagen haben ein breites Echo ausgelöst und werden bis heute kontrovers diskutiert.

Es folgen Auszüge aus dieser Rede, ausgewählt von Michael Albus. (Quelle: https://www.friedenspreis-des-deutschen-buchhandels.de/sixcms/media.php/ 1290/2015%20Friedenspreis%20Reden.1611966.pdf; letzter Zugriff: 31.07.2018; Foto: © Julian Baumann/www.julianbaumann.com)

... Es sind nicht nur die schrecklichen Nachrichten und noch schrecklicheren Bilder aus Syrien und dem Irak, wo der Koran noch bei jeder Schweinetat hochgehalten und bei jeder Enthauptung „Allahu akbar" gerufen wird. Auch in so vielen anderen, wenn nicht den meisten Ländern der muslimischen Welt berufen sich staatliche Autoritäten, staatsnahe Institutionen, theologische Schulen oder aufständische Gruppen auf den Islam, wenn sie das eigene Volk unterdrücken, Frauen benachteiligen, Andersdenkende, Andersgläubige, anders Lebende verfolgen, vertreiben, massakrieren. Unter Berufung auf den Islam werden in Afghanistan Frauen gesteinigt, in Pakistan ganze Schulklassen ermordet, in Nigeria hunderte Mädchen versklavt, in Libyen Christen geköpft, in Bangladesch Blogger erschossen, in Somalia Bomben auf Marktplätzen gezündet, in Mali Sufis und Musiker umgebracht, in Saudi-Arabien Regimekritiker gekreuzigt, in Iran die bedeutendsten Werke der Gegenwartsliteratur verboten, in Bahrein Schiiten unterdrückt, im Jemen Sunniten und Schiiten aufeinander gehetzt.

Gewiss lehnen die allermeisten Muslime Terror, Gewalt und Unterdrückung ab. Das ist nicht nur eine Floskel, sondern das habe ich auf meinen Reisen genau so erlebt: Wem die Freiheit keine Selbstverständlichkeit ist, der ermisst erst recht ihren Wert. Alle Massenaufstände der letzten Jahre in der islamischen Welt waren Aufstände für Demokratie und Menschenrechte, nicht nur die versuchten, wenn auch meist gescheiterten Revolutionen in fast allen arabischen Ländern, ebenso die Protestbewegungen in der Türkei, in Iran, in Pakistan und nicht zuletzt der Aufstand an den Wahlurnen der letzten indonesischen Präsidentschaftswahl. Ebenso zeigen die Flüchtlingsströme an, wo sich viele Muslime ein besseres Leben erhoffen als in ihrer Heimat: jedenfalls nicht in religiösen Diktaturen. Auch die Berichte, die uns aus Mossul oder Rakka selbst erreichen, künden nicht von Begeisterung, sondern von Panik und Verzweiflung der Bevölkerung. Alle maßgeblichen theologischen Autoritäten der islamischen Welt haben den Anspruch des IS verworfen, für den Islam zu sprechen, und im Detail herausgearbeitet, inwiefern dessen Praxis und Ideologie dem Koran und den Grundlehren der islamischen Theologie widersprechen. Und vergessen wir nicht, dass es an vorderster Front Muslime selbst sind, die gegen den „Islamischen Staat" kämpfen, Kurden, Schiiten, auch sunnitische Stämme und die Angehörigen der irakischen Armee.

Das muss man alles sagen, will man nicht dem Trugbild aufsitzen, das Islamisten und Islamkritiker wortgleich entwerfen: Dass der Islam einen Krieg gegen den Westen führt. Eher führt der Islam einen Krieg gegen sich selbst, will sagen: wird die islamische Welt von einer inneren Auseinandersetzung erschüttert, deren Auswirkungen auf die politische und ethnische Kartographie an die Verwerfungen des Ersten Weltkriegs heranreichen dürften. Den multiethnischen, multireligiösen und multikulturellen Orient, den ich in seinen großartigen literarischen Zeugnissen aus dem Mittelalter studiert und während langer Aufenthalte in Kairo und Beirut, als Kind während der Sommerferien in Isfahan und als Berichterstatter im Kloster von Mar Musa als eine zwar bedrohte, niemals heile, aber doch quicklebendige Wirklichkeit lieben gelernt habe, diesen Orient wird es so wenig mehr geben wie die Welt von gestern, auf die Stefan Zweig in den Zwanzigerjahren voller Wehmut und Trauer zurückblickte.

Was ist geschehen? Der „Islamische Staat" hat nicht erst heute begonnen und auch nicht erst mit den Bürgerkriegen im Irak und in Syrien. Seine Methoden mögen auf Ablehnung stoßen, aber seine Ideologie ist der Wahhabismus, der heute bis in die hintersten Winkel der islamischen Welt wirkt und als Salafismus gerade auch für Jugendliche in Europa attraktiv geworden ist. Wenn man weiß, dass die Schulbücher und Lehrpläne im „Islamischen Staat" zu 95 Prozent identisch mit den Schulbüchern und Lehrplänen Saudi-Arabiens sind, dann weiß man auch, dass die Welt nicht nur im Irak und in Syrien strikt in verboten und erlaubt eingeteilt wird – und die Menschheit in gläubig und ungläubig. Gesponsert mit Milliardenbeträgen aus dem Öl, hat sich über Jahrzehnte in Moscheen, in Büchern, im Fernsehen ein Denken ausgebreitet, das ausnahmslos alle Andersgläubigen zu Ketzern erklärt, beschimpft, terrorisiert, verächtlich macht und beleidigt. Wenn man andere Menschen systematisch, Tag für Tag, öffentlich herabsetzt, ist es nur folgerichtig – wie gut kennen wir das aus unserer eigenen, der deutschen Geschichte –, dass man schließlich auch ihr Leben für unwert erklärt. Dass ein solcher religiöser Faschismus überhaupt denkmöglich wurde, dass der IS so viele Kämpfer und noch mehr Sympathisanten finden, dass er ganze Länder überrennen und Millionenstädte weitgehend kampflos einnehmen konnte, das ist nicht der Beginn, sondern der vorläufige Endpunkt eines langen Niedergangs, eines Niedergangs auch und gerade des religiösen Denkens ...

Christen und Muslime im Dialog

PETER HÜNSELER / SALVATORE DI NOIA (HG.)
Kirche und Islam im Dialog
Europäische Länder im Vergleich

In den Ländern Europas sind im Rahmen der Integration des Islams neue gesellschaftspolitische Konfliktfelder entstanden. Im Zentrum der Kontroversen stehen die zentralen Werte des Zusammenlebens, die sich in Europa geistesgeschichtlich und politisch entwickelt haben: Menschenrechte, Religionsfreiheit, Toleranz, Gleichheit der Geschlechter. Das Christentum hat bei der geistesgeschichtlichen Herausbildung dieser gesellschaftlichen Grundlagen eine bedeutende Rolle gespielt. Der christlich-islamische Dialog dient dazu, die Werte der Verfassungen die das Zusammenleben von Einheimischen und Zuwanderern bestimmen, auch aus dem Christentum und dem Islam abzuleiten. Im Zentrum des Buches steht die Positionierung der katholischen Kirche als Dialogpartner mit dem Islam in seiner gesellschaftspolitischen Bedeutung.

304 S., Hardcover, ISBN 978-3-7917-2216-0
€ (D) 34,95 / € (A) 36,–

VERLAG FRIEDRICH PUSTET

Verlag Friedrich Pustet
Unser komplettes Programm unter:
www.verlag-pustet.de

Tel. 0941 / 92022-0
Fax 0941 / 92022-330
bestellung@pustet.de